GÉNÉALOGIE

DE LA FAMILLE

DUGAS

(1347 - 1895)

PAR

WILLIAM POIDEBARD

Forézien.

A LYON

CHEZ MOUGIN-RUSAND, IMPRIMEUR

—

MDCCCXCV

GÉNÉALOGIE

DE LA

FAMILLE DUGAS

À Monsieur O. de Vizy

Son très affectionné

William Poidebard

Les Rochers
2 août 95.

Tiré à petit nombre et non mis en vente.

Dugas en Lyonnais et Forez

GÉNÉALOGIE

DE LA FAMILLE

DUGAS

(1347-1895)

PAR

WILLIAM POIDEBARD

Forézien.

A LYON

CHEZ MOUGIN-RUSAND, IMPRIMEUR

—

MDCCCXCV

I

Barons Dugas de la Catonnière
Seigneurs de Colenon, Valdurèze et les Varennes
en Lyonnais

II

Barons du Villard
et Seigneurs de la Tour des Sauvages
en Velay
Seigneurs de Chassagny
Montbel, La Boissonny et Le Vernat
en Lyonnais et Forez.

A Monsieur Ivan Dugas.

Mon cher Ivan,

Tu sais combien j'ai toujours aimé l'étude du passé. En chevauchant, il y a longtemps déjà, dans notre cher pays de Jarez, à travers monts et vallons, à la recherche des manoirs où nos aïeux ont vécu, visitant les chartriers poudreux, recueillant les souvenirs, interrogeant les pierres des vieilles églises aujourd'hui disparues et les croix des carrefours, j'amassais peu à peu notes et documents.

Dans ces notes, je retrouve l'histoire de ta famille. J'ai pensé qu'il était bon, dans ces temps d'égoïsme où nous vivons, de garder la mémoire de nos pères. Nous leur devons, par la grâce de Dieu, l'indépendance et l'estime dont nous jouissons; il est bien juste que nous conservions à nos enfants, leurs noms et le souvenir de leurs vertus.

Nos liens de parenté, notre vieille amitié, les heures heureuses de l'enfance passées ensemble à ton foyer, sont autant de motifs pour moi de te dédier ces pages. Puissent-elles servir à resserrer l'union de ceux qui les liront.

W. P.

Les Chassagnes, Avril 1895.

ORIGINE DE LA FAMILLE, SA NOBLESSE

SES ARMOIRIES

'ANCIENNE seigneurie de Jarez, sur les confins du Lyonnais et du Forez, fut le berceau de la famille Dugas.

Dès le XIVᵉ siècle, les documents la montrent profondément enracinée dans le sol, comme l'arbre robuste dont elle meubla ses armoiries.

Elle était issue d'une longue suite de générations d'hommes libres, et ses enfants laborieux, sous l'influence bienfaisante du Christianisme, avaient préparé la grandeur de la patrie en s'élevant eux-mêmes par les constants efforts de leur intelligence et de leur travail. Ces vieilles familles, si attachées à la terre de leurs aïeux, furent celles où la noblesse se recruta le plus. Déjà, elles fournissaient les prêtres, desservant les églises où elles allaient prier, les notaires chez lesquelles s'enregistraient tous les actes importants de leur vie, les châtelains et les juges représentants du roi ou des seigneurs. Elles étaient prêtes à remplacer, sur les champs de bataille, les gentilshommes dont la vie généreuse s'était épuisée au service du roi, prêtes à payer à leur tour l'impôt du sang.

Caste ouverte à toutes les supériorités du savoir et du mérite, la noblesse, en France, se renouvelait sans cesse car elle se dépensait largement et le désir d'en faire partie était un puissant stimulant aux grands dévouements et aux généreuses actions.

Anoblis au XVIIᵉ siècle par le service militaire, les aînés des Dugas ont donné de nombreuses preuves de leur valeur. Ils étaient à Stolhoffen, à Malplaquet, Philipsbourg, Lawfeld où tant de nouveaux chevaliers gagnèrent leurs éperons.

Lyon les trouva parmi ses défenseurs dans sa lutte héroïque contre la Convention, et dans les guerres de ce siècle, ils eurent aussi leur part de gloire.

La branche cadette obtint la noblesse par des charges, la conférant, et des lettres fort élogieuses données à Versailles, au mois de mars 1777, enregistrées le 3 septembre de la même année. Ces lettres, récompense bien méritée de progrès importants réalisés dans l'industrie, rappellent les services rendus par les générations précédentes dans des charges de magistrature, de finance et dans les armées du roi.

Le nom primitif de la famillle fut celui de *du Coignet* [1]. C'était le nom de sa vieille demeure cachée dans les pommiers, près du sanctuaire vénéré de Valfleury. André du Coignet est le premier dont les titres nous aient conservé le souvenir. Il est nommé dans une charte du 12 juin 1347 [2], reçue par Mᵉ Jacques Stephani, clerc notaire juré de l'officialité de Lyon, par laquelle Étienne, son fils, achète une vigne située dans la paroisse de Saint-Romain-en-Jarez. Le cens en était dû à François de Saint-Priest, chevalier.

Le Coignet fut ensuite possédé par Georges, premier du nom, sans doute fils d'Étienne. Né vers 1350, il avait dû, dans sa jeunesse, voir passer les dernières bandes des Tard-Venus, et se retirer, pour les fuir, dans la maison possédée par les siens au château de Saint-Romain et destinée à leur servir d'abri en cas de guerre [3]. Au mois d'avril 1413 [4],

---

1. Le Coignet est situé dans la commune de Saint-Christo-en-Jarez, canton de Saint-Héand, département de la Loire.

2. Voir *Pièces justificatives*, nᵒ 1.

3. Le 5 juin 1487, André du Coignet, dans un partage qu'il fit avec Jean, son neveu, eut dans sa part les maisons situées dans le château de Saint-Romain-en-Jarez « domos altas et bassas sitas in castrum sancti Romani » (*Archives de l'auteur.*)

4. Contrat reçu, Mathieu Bret, notaire à Saint-Romain. (Original, parchemin latin. *Arch. de l'aut.*)

déjà vieux et malade, ayant autour de lui ses enfants, sa femme et ses amis, il fit son testament verbal, instituant héritiers Jean et Pierre, ses fils, et nommant Georges, Denise et Jeanne ses autres enfants. Il mourut peu après, et sa femme, Jeanne du Bessy, le 5 mai suivant, se rendit devant Tachon Arod, damoiseau, châtelain de Chaignon, pour faire enregistrer les dernières dispositions du défunt. Pierre et Jean restèrent au Coignet et leurs descendants à chaque génération trouvèrent, dans les coffres paternels, quelques réserves d'écus d'or pour augmenter l'étendue déjà grande de leurs terres pour la plupart de franc-alleu [5].

La famille possédait, en outre, le mas de Crivieux « de Cristoveteri », le mas Dugas, des biens et des maisons à Valfleury et à Saint-Romain, les greffes de la seigneurie de Chaignon dont les Dugas, au commencement du xviiᵉ siècle, furent seigneurs engagistes, des offices héréditaires de tabellion, de lieutenant et de châtelain. Vénérable et égrège personne messire André du Coignet, prêtre, docteur ès droit, attiré à Mende par le seigneur de Chaignon de la maison de Laire, dont il paraît avoir été le familier, y était en 1540 chanoine et official. Le 8 octobre 1539, il avait acheté de noble Jean-Antoine Gros, son parent, gentilhomme de la chambre du roi, héritier de noble demoiselle Françoise du Coignet, son épouse, la part d'héritage laissée par ladite demoiselle à son mari [6].

Quelques années plus tard, le 12 juin 1564 [7], par contrat reçu, Mᵉ Bonier, discrète personne, Mᵉ Pierre du Coignet, neveu de l'Official de Mende, fut donataire de sa mère, Jeanne Colomban, veuve de maître Claude du Coignet, à l'occasion de son mariage avec demoiselle Luysine Berthieu. Enfin, au siècle suivant, vers 1650, demoiselle Jeanne du

---

5. Le 11 mai 1457, Pierre et André du Coignet, fils de Jean, et Jean, fils dudit André, achètent une terre de franc-alleu de honorable homme Jean Trie. Contrat reçu par Jean Bret. Durant les xvᵉ et xviᵉ siècle, de nombreux achats attestent la prospérité de la maison. (*Arch. de l'aut.*)

6. Contrat reçu Bonier, passé dans la maison dudit seigneur Jean-Antoine Gros, appelée *le Conteur*. Cette part d'héritage du Coignet était assez considérable et représenterait aujourd'hui une jolie somme, quoique alors elle n'ait été estimée que 3.459 livres. Il est vrai que l'or était rare et que l'official de Mende payait comptant en écus d'or et en doubles ducats d'Espagne. (*Arch. de l'aut.*)

7. Archives de l'auteur.

Coignet porta le vieux nid paternel en dot à son mari noble Jean-Baptiste Mauvernay, conseiller du roi élu en l'élection de Saint-Etienne-en-Forez, et le 14 mars 1704 [8], par contrat reçu Chorel, notaire à Saint-Romain-en-Jarez, étant dans sa maison du Coignet, elle testa en faveur de noble Pierre Mauvernay, son fils, successeur de son père dans sa charge [9].

Georges, le plus jeune des fils de Georges du Coignet et de Jeanne du Bessy, nommé, dans le testament de son père, du mois d'avril 1413, héritier du mas Dugas [10], fut le chef de la branche de ce nom qu'il avait ajouté au sien. Ses descendants en firent de même [11] et peu à peu l'appellation primitive disparut. Le souvenir cependant en a été religieusement conservé dans la famille jusqu'à nos jours par le cognassier d'or de leur blason.

Ces armoiries ont été définitivement réglées par d'Hozier de Sérigny, juge d'armes de France, dans les lettres de noblesse du mois de mars 1777 et sont : *coupé de gueules à deux épées en sautoir d'or et d'azur à l'arbre aussi d'or*, comme elles étaient portées depuis les services militaires de la branche aînée. Dans les lettres patentes du 3 août 1816 accordant

8. Archives de l'auteur.

9. Un contrat du 19 avril 1699 reçu Chorel, notaire royal à Saint-Romain, nous apprend le nom des prédécesseurs de Jeanne du Coignet dans la maison dont elle portait le nom. Elle était fille de M⁹ Marc du Coignet fils et héritier de M⁹ Gabriel du Coignet, fils lui-même et héritier de M⁹ Pierre du Coignet vivant en 1590 tous notaires royaux au Coignet.

Les Mauvernay y habitaient encore à la fin du siècle dernier. Le 26 août 1773, contrat reçu M⁹ Gautier, notaire à Saint-Romain, Madeleine Mauvernay, demoiselle du Gas, fille de Jacques Mauvernay du Coignet et de dame Julienne de la Pala de Prandières, épouse M⁹ Benoît Rolle, procureur es cour de Forez.

10. 1ᵉʳ juin 1479, contrat reçu Jean Jaboley. Accord entre André du Coignet; Georges du Coignet et Jean son fils et encore Michel du Coignet neveu dudit Georges au sujet de terres, ainsi confinées : *Per itinera et passagia in territorio du Ranchet juxta terras dict. Georgii et Michaëlis de Coigneto et iter tendens de manse de Coigneto et iter tendens de domibus dicti Georgii appelatis Dugas versus Chaignon.* (Archives de l'auteur.)

11. Le 2 décembre 1534, contrat reçu Feneau, Jean et Claude Dugas nommés aussi du Coignet dans le même acte font le partage des domaines Dugas restés jusque alors en communauté entre eux. Jean eut dans sa part la maison de Saint-Romain. M⁹ Jean du Coignet, notaire royal, fut témoin du partage. (*Archives de l'auteur.*)

le titre de baron à Jean-Baptiste-Charles Dugas de la Catonnière, les épées sont remplacées par des cimeterres déjà gravés au xviiie siècle sur le cachet d'Antoine Dugas des Varennes, chevalier, avec une couronne de comte et deux lions pour support.

Mais, plus anciennement, les Dugas portaient le cognassier seul, accosté de deux colombes (cachet de maître Jean Dugas 1625-1660), et les du Coignet se servaient dès le xvie siècle d'un sceau aux allures plus héraldiques mais conservant toujours la mémoire du nom : de... au sautoir de... accompagné de trois coings de... et d'une étoile couronnée de... en chef [12].

Deux familles parvenues aussi à la noblesse au xviie siècle, les du Coignet des Gouttes [13] et les Dugas de Bois-Saint-Just sorties également des montagnes séparant le Lyonnais du Forez, semblent avoir, avec celle dont nous retraçons l'histoire, une communauté d'origine. Le sautoir qu'elles portent dans leurs armes serait un argument en faveur de cette thèse, mais la soudure remonterait au moins à la fin du xve siècle et se retrouverait difficilement. Au reste, les marquis de Villars malgré l'éclat

12. Ce sceau, dont la matrice fut gravée au xvie siècle, est apposé au testament de demoiselle Jeanne du Coignet du 14 mars 1704 déjà cité. Un autre sceau, aux mêmes armes, d'un dessin plus moderne, servait à l'usage de Pierre du Coignet, bourgeois de Lyon ; le 1er décembre 1671 il en cacheta le testament clos de dame Marie Girard, veuve d'Antoine Thomé, écuyer. (*Guérin, notaire à Lyon.*)

13. Du Coignet des Gouttes porte : de gueules au sautoir d'or. Noble Jacques Coignet, écuyer, était dans la première moitié du xviie siècle seigneur de la maison forte de Marclopt en Forez. Le 30 janvier 1652, il est témoin au mariage de noble Benoît Coignet, maréchal de logis de la compagnie de cavalerie du seigneur comte de Saint-Trivier, fils de sieur Jean Coignet, chevaucheur pour le roi à l'Arbresle, et de dame Antoinette Valliouse avec demoiselle Anne Seguin, fille d'Antoine Seguin, docteur en médecine de Feurs et de dame Suzanne Le Bon. (*Duguet, notaire.*) Cette famille est représentée en Forez.

dont ils ont brillé, auraient peut-être été flattés, en remontant leur filiation au delà du châtelain de Thurins, de se dire sortis du vieux manoir du Coignet [14]. Un acte de notoriété, conservé dans les archives des Dugas du Villard, reconnaissant cette parenté, prouve dans tous les cas, qu'au siècle dernier, les deux familles s'en faisaient honneur et cette prétention avait assez de fondement pour être rappelée dans les lettres de noblesse de 1777 [15].

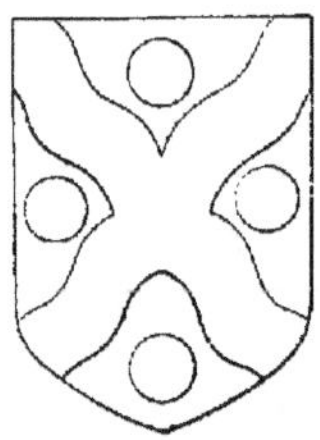

14. Dugas de Bois-Saint-Just, seigneurs de Savonost, la Tour, Thurins et marquis de Villars portaient : d'azur au sautoir ondé d'or accompagné de quatre besans de même. Pierre Dugas, notaire et greffier de Thurins en Lyonnais, en 1595, en était capitaine châtelain en 1605 et y mourut le 29 novembre 1618. Il avait épousé demoiselle Aymée Dallier et fut la tige des seigneurs de Bois-Saint-Just, famille éteinte au commencement de ce siècle. Comme on le voit, l'identité de nom et de position sociale à la fin du XVIe siècle dans la même région, semble rendre bien probable l'identité d'origine.

15. Ces lettres sont conservées en original signées du roi dans les archives de MM. Dugas du Villard et en copie aux archives du Rhône, registre C. Elles ont été publiées dans l'*Ancien Forez* et par M. Th. Aynard.

GÉNÉALOGIE

I

BARONS DUGAS DE LA CATONNIÈRE

SEIGNEURS DE COLENON, VALDURÈZE ET LES VARENNES

EN LYONNAIS

I. Pierre DUGAS, issu de Georges du Coignet, chef de la branche établie au mas Dugas, commence la filiation suivie. Il habitait Valfleury à la fin du xvi⁰ siècle. Il est nommé avec ses fils dans divers contrats. D'une alliance inconnue il eut :

1° Jean, dont l'article suivra.

2° M⁰ François Dugas, procureur d'office de la juridiction de Chaignon. Le 15 février 1630, par acte reçu M⁰ Valous, notaire à Saint-Romain-en-Jarez, il passa un accord avec son frère Jean alors établi à Saint-Chamond. Il avait épousé (contrat reçu M⁰ Ravachol notaire à Saint-Chamond), le 20 février 1609, demoiselle Jeanne Joly, fille de Georges Joly et de Marguerite Montgirod. Il en eut :

    A. Pierre, baptisé le 17 novembre 1610, eut pour parrain Pierre Dugas, son aïeul.

    B. Georges, nommé dans l'accord de 1630.

3° Nicolas Dugas, capitaine au régiment de Bourbonnais, en 1645. Cet officier servit dans le même corps pendant quarante ans et mourut au service [16].

4° Loyse, baptisée le 11 septembre 1589, eut pour parrain Gabriel, fils de M⁰ Pierre du Coignet, notaire royal.

5° Jeanne, baptisée le 6 novembre 1591, eut pour parrain messire André du Coignet, curé de Soucieu.

6° Françoise, baptisée le 9 mai 1595 [17].

II. Jean DUGAS, né à Valfleury, s'établit à Saint-Chamond où il épousa, le 1ᵉʳ mai 1623, demoiselle Louise GABRIEL, fille de Charles Gabriel, qui, s'étant fait prêtre depuis son veuvage, devint curé de Saint-Martin-en-Coalieu. Jean Dugas était propriétaire des greffes de la juridiction de Chaignon et Valfleury et d'un office de notaire royal à Saint-Chamond, qu'il exerça pendant plus de cinquante ans. Le 5 novembre 1622, par contrat reçu Dufornet, notaire à Rive-de-Gier, il était devenu seigneur engagiste avec François Dugas, son frère, de la terre de Chaignon,

16. Archives du château de la Rey.
17. Reg. par. de Saint-Christo-en-Jarez.

messire Christophe, comte d'Apchier [18], seigneur et baron de Sercyé, lui ayant cédé moyennant une rente annuelle la jouissance de la maison forte du dit Chaignon et dépendances « avec toute justice, pêche, chasse, dîmes, colombier, vignes, terres, prés, moulin à chanvre, droits et devoirs seigneuriaux. »

Il mourut le 3 mai 1679 dans sa maison de campagne de la Cocholière, paroisse de Saint-Christo, ayant testé le 26 mars 1679 devant Mᵉ Perrussel notaire royal à Saint-Chamond, et laissant de son union avec Louise Gabriel, laquelle avait testé le 13 mai 1673 :

1° Noble Charles, dont l'article suit.

2° François Dugas, bourgeois de Saint-Chamond, marié le 23 avril 1662 à demoiselle Isabeau Dujast, fille de Hiérome Dujast, bourgeois de Saint-Chamond et de dame Anne Ravachol. Les Dujast furent anoblis à la fin du XVIIᵉ siècle et devinrent seigneurs d'Ambérieux.

De cette union sont nés :

A. Louise, baptisée le 31 juillet 1664.

B. Jeanne-Charlotte, baptisée le 23 octobre 1667.

C. Messire Antoine Dugas, reçu prêtre sociétaire de Notre-Dame de Saint-Chamond et de Saint-André d'Izieu, le 7 juin 1694, fut prébendier de la prébende des Porral.

D. Marie, baptisée le 16 juillet 1671, mourut le 13 septembre 1694.

E. Gabriel, baptisé le 7 novembre 1673.

---

18. Par contrat de vente reçu Jalabert, notaire à Lyon, du 19 octobre 1675, haut et puissant seigneur messire François de Crussol, duc d'Uzès, premier pair de France, et dame Marguerite d'Apchier son épouse, vendent à haut et puissant seigneur Mʳᵉ Melchior de Harod (Arod), chevalier, seigneur de Senevas, baron de Saint-Romain-en-Jarez, abbé de Saint-Léonard de Corbigny en Nivernois, et de Saint-Préau de Préhaut en Normandie, conseiller du roi en ses conseils, ambassadeur et ministre de sa Majesté en Suisse, à savoir la terre et seigneurie de Chaignon et Valfleury, au prix de 43,200 livres.

F. Jeanne-Marie, baptisée le 19 septembre 1677.

G. Marie-Anne, baptisée le 15 décembre 1678.

3° Pierre habitait Lyon en 1679, époque du testament de son père dont il est légataire. Il épousa demoiselle Isabeau Viard [19], dont :
A. Jean-Antoine, baptisé le 28 décembre 1671, à Saint-Nizier ;
B. César, baptisé le 26 décembre 1673, à Saint-Nizier.

4° Melchior, s'établit en Espagne pour y exercer le négoce et passa à ses père et mère une quittance d'hoirie, le 27 mars 1672.

5° César, accompagna en Espagne son frère avec lequel il paraît dans l'acte du 27 mars 1672.

6° Messire Gabriel Dugas, prêtre, curé de la Chapelle, reçu maître ès-art en 1662, était en 1670 chanoine de l'église collégiale de Saint-Jean-Baptiste à Saint-Chamond et en 1677, chanoine de l'église de Monistrol-en-Velay. Son père lui donna, le 10 mars 1672, le domaine de la Thiolière à Saint-Christo.

7° Antoinette, mariée à Antoine de Lafont dont elle eut :

A. Louise de Lafont, mariée le 16 novembre 1683 à Jean-Baptiste Rambaud.

B. Marie de Lafont, mariée le 10 mai 1689 à Vincent Fulchiron, fils d'Antoine Fulchiron et de Marie Chaland.

8° Jeanne, mariée (contrat reçu Me Dugas, notaire à Saint-Chamond), le 16 août 1668, à Me Jean Trutignieu, notaire royal et procureur d'office de Saint-Symphorien-le-Châtel.

9° Maître Antoine Dugas, notaire royal, dont la descendance sera donnée après celle de son frère aîné.

19. Archives de M. Ivan Dugas.

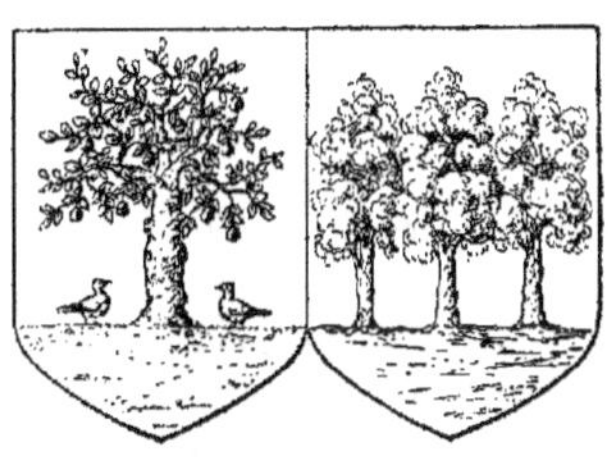

III. Charles DUGAS, sieur de Valdurèse, docteur en droit [20], avocat
en parlement, puis écuyer, conseiller du roi, lieutenant assesseur criminel
de robe courte en la sénéchaussée et siège présidial de Lyon, par provision
du 29 mars 1675.

Il avait d'abord été lieutenant en la juridiction de Saint-Jullien-Molin-
Molette, châtelain de Fontanès et avocat fiscal de Saint-Chamond où il
mourut le 18 février 1702 âgé de 78 ans après avoir fait une donation
entre vifs en faveur de noble Charles Dugas, son fils, le 20 décembre 1687.
Il avait acquis par contrat du 20 septembre 1657 reçu Dugas, la chapelle
du Rosaire dans l'église de Notre-Dame de Pontcharra, avec droit de
sépulture pour lui et les siens, de dame Philippa Maniquet, fille de Gabriel
Maniquet, fondateur de la dite chapelle [21]. Il épousa (contrat du 29 avril

20. Il avait fait à Lyon ses études de droit et son cours de palais. Le 4 mars 1646
(Potier, notaire à Lyon) M° Jean Payre procureur ès cours de Lyon passe quittance de la
somme de 300 livres en laquelle était tenue sieur Jean Dugas, bourgeois de Valfleury,
pour la pension de Charles Dugas, son fils, pendant deux années qu'il est resté chez le
dit Payre pour y étudier.

21. Dans l'*Armorial des Généralités* dressé par d'Hozier en 1698, le commis chargé
d'enregistrer les armoiries à Saint-Chamond donna d'office à Charles Dugas le blason
fantaisiste suivant : « D'azur à six besans d'argent posés 3, 2 et 1. » P. 766.

Charles Dugas de Valdurèse fut un savant jurisconsulte. Il fit imprimer à Lyon quatre
petits livres de droit Ces livres destinés aux étudiants et aux hommes de loi ayant été d'un

1650) demoiselle Suzanne DUBOYS, fille de sieur Jean Duboys, bourgeois de Virieu, morte le 15 novembre 1694, à l'âge de soixante-quatorze ans. Il eut de cette union :

1° Charles Dugas, écuyer, dont l'article suit.

2° Jean-Baptiste Dugas, écuyer, né en 1652 [22], mort le 4 mai 1731 sans postérité. Capitaine au régiment de la marine le 6 novembre 1673, il en commandait un bataillon en 1693. Il fut ensuite capitaine de grenadiers au régiment de la Motte et commandant des places de Furnes et de Courtrai. Il fut réformé en 1701. Il avait épousé le 9 janvier 1691, demoiselle Françoise Philibert, fille de Pierre Philibert, chevalier, secrétaire du roi et son avocat au bureau des finances en la généralité de Lyon, et de dame Geneviève Rigaud.

3° Jeanne, née le 2 juillet 1653. Elle eut pour parrain Mᵉ Jean Dugas, notaire royal, et pour marraine demoiselle Catherine Duboys.

4° Noble Jean-Louis Dugas de Colenon, né le dernier janvier 1656, lieutenant au régiment de la marine dans la Compagnie de son frère. Le 10 mars 1674, sur le point de partir pour le service du roi, ils engagent un valet de chambre pour la durée de la campagne.

5° Antoinette, baptisée le 31 janvier 1657, eut pour parrain Mᵉ Jean Payre, procureur ès cour de Lyon et parlement de Dombes, sieur de la Chaux.

---

usage fréquent sont devenus d'une extrême rareté. L'un d'eux a eu de notre temps l'honneur de la réimpression. Voir *Pièces justificatives*, n° 11.

22. Le dernier août 1669 (contrat reçu Dugas) son père le confie à honorable homme Mathieu Fauvelle, marchand bourgeois de Bordeaux, pour apprendre le négoce. Jean-Baptiste Dugas avait alors à peine dix-sept ans et c'est sans doute son séjour chez cet armateur qui lui fit choisir la carrière des armes.

6° François, baptisé le 7 mars 1658, eut pour parrain François Dugas, son oncle, bourgeois de Saint-Chamond.

7° Catherine, baptisée le 10 janvier 1661, morte à Saint-Maurice de l'Exil le 5 décembre 1732, avait épousé le 3 septembre 1685, (contrat reçu M⁰ Dugas, notaire à Saint-Chamond), Charles Gouat de Grandpré, bourgeois de Colombier, fils de Benoît Gouat de Grandpré et de dame Jeanne Nardoin.

8° Vénérable messire Benoît Dugas, prêtre, baptisé le 5 février 1662.

9° Révérend Père Charles Dugas, religieux capucin en 1704.

IV. Charles DUGAS, écuyer, sieur de Valdurèse, baptisé à Saint-Julien-Molin-Molette, le 3 juin 1651 [23], capitaine châtelain et juge général de la ville et marquisat de Saint-Chamont, la Valla et les Farnanches, par provision du 27 mai 1687, lieutenant assesseur criminel de robe courte en la sénéchaussée et siège présidial de Lyon, par lettres du 6 août 1702, fut pourvu de la même charge en la cour des monnaies par

23. Reg. par. de Saint-Julien-Molin-Molette. Il eut pour parrain messire Charles Gabriel, curé de Saint-Martin et pour marraine demoiselle Claudine de Baronat, femme de M. de la Condamine.

suite de la réunion en un seul corps des trois juridictions en vertu de l'édit du mois d'avril 1705 [24]. Il mourut dans l'exercice de sa charge le 12 octobre 1710, après avoir fait un testament solennel le 6 dudit mois.

Il avait épousé [25] en premières noces, contrat du 12 octobre 1680, demoiselle MARGUERITE CHARRIN, fille de Jean Charrin, bourgeois de Virieu, et de dame Marguerite Franconnet. Marguerite Charrin testa devant Mᵉ Dugas, notaire à Saint-Chamond, le 29 avril 1686 et mourut le 28 février 1692, âgée de vingt-neuf ans laissant les enfants qui suivent :

1° Suzanne, née à Saint-Chamond le 15 juillet 1681.

2° Marie-Charlotte, née le 13 septembre 1682, épousa le 1ᵉʳ octobre 1713 Jean-Baptiste Favre d'Izieu, écuyer, officier des gardes de Son Altesse Royale Monsieur, frère unique du roi, duc d'Orléans, résidant à Lyon [26].

3° Charles Dugas, écuyer, dont l'article suivra :

4° Catherine, née le 20 décembre 1685, morte le 10 mars 1743, eut pour marraine dame Catherine Dugas, sa tante, femme de noble Charles Gouat de Grandpré. Elle épousa le 1ᵉʳ juillet 1704 Laurent Ducurtil, bourgeois de Bœuf, fils de Fleury Ducurtil et de Constance Limonne [27].

5° Vénérable messire Charles-Joseph Dugas [28], né le 15 octobre 1688, curé de Saint-Martin à Coailleu.

---

24. Charles Dugas eut pour successeur dans sa charge noble Pierre Chol. Provision du 19 mars 1712.

25. Mariage religieux célébré à Virieu le 12 octobre. Reg. par. de Pélussin. Ils étaient consanguins au 4ᵉ degré.

26. Reg. par. de Saint-Maurice-de-l'Exil.

27. Arch. par. de Saint-Maurice.

28. Messire Charles-Joseph Dugas, docteur en théologie, prêtre, curé de Saint-Martin-en-Coailleu, testa devant Mᵉ Gautier, le 17 mars 1735, élit sa sépulture dans l'église dudit Saint-Martin, chapelle de Saint-Léger et Sainte-Agathe « veut que sur la cadette soit mise son inscription », fait héritier son frère Charles, lieutenant de cavalerie.

6° Jacques, né le 12 février 1692, fut baptisé le 22 août de la même année.

CHARLES DUGAS, épousa, en secondes noces, par contrat du 29 septembre 1692, CATHERINE PHILIBERT, demoiselle, fille de messire Pierre Philibert, chevalier, conseiller du roi et son avocat au bureau des finances en la généralité de Lyon, et de dame Geneviève Rigaud. Elle mourut veuve le 13 février 1743, âgée de soixante-dix-huit ans. De cette union sont nés :

1° Charles-Jean-Baptiste, né le 26 août 1693, eut pour parrain Charles Dugas, écuyer, sieur de Valdurèse, son grand-père.

2° Françoise, née le 20 septembre 1694, eut pour marraine Françoise Philibert, sa tante, femme de noble Jean-Baptiste Dugas, écuyer. Elle mourut quelques jours après sa naissance.

3° Vénérable messire Charles-François Dugas, né le 2 mars 1696, fut curé de Saint-Ennemond et prêtre sociétaire de Saint-André d'Izieu et de Notre-Dame de Pontcharra. Il mourut en 1760.

4° François, né le 23 août 1697, eut pour marraine demoiselle Françoise Sicard du Soleil, veuve de noble Jean Philibert, écuyer.

5° Marie-Charlotte, née le 26 août 1698 à Saint-Chamond dans la maison de son père, située place Marquise, eut pour parrain Charles Dugas, son frère et pour marraine sa sœur Marie-Charlotte.

6° Catherine, née le 28 février 1700, religieuse au monastère de Sainte-Ursule à Saint-Chamond, légataire de messire Charles-Joseph Dugas, son frère, par son testament du 17 mars 1734.

7° Charles-Philibert, né le 27 juillet 1702, eut pour parrain M. Philibert, écuyer, capitaine au régiment de Catinat. Il mourut le 24 mars 1706.

8° Jacqueline, née le 18 juillet 1703, non mariée, testa le 8 août 1746 en faveur de son frère Antoine.

9° Antoine, né le 3 février 1705, a fait la branche de Varennes [29].

V. Charles DUGAS DE LA CATONNIÈRE, écuyer, ondoyé en l'église de Sainte-Croix de Lyon, le 4 octobre 1683, lieutenant au régiment de cavalerie Vivant Saint-Christot en 1704, puis lieutenant au régiment de cavalerie de Beaujeu (1710), enfin lieutenant en premier dans celui de Lénoncourt cavalerie, mourut à Wissembourg, le 6 septembre 1734. Il avait été nommé chevalier de Saint-Louis la même année. Charles Dugas se trouva, entre autres affaires, à la prise des lignes de Stolhoffen (23 mai 1707), à la bataille de Malplaquet et fit avec le détachement du comte de Broglie la campagne où furent prises les villes de Landau et de Fribourg. Peu de mois avant sa mort, il avait pris part au siège de Philipsbourg.

29. Le 22 août 1719, il fut nommé héritier de son père par dame Catherine Philibert, veuve de noble Charles Dugas et mère dudit sieur de Valdurèse.

Il épousa en premières noces, contrat du 27 novembre 1718 reçu M⁰ Durand, notaire à Lyon, demoiselle CLAUDINE VACHERON, fille de Jean Vacheron, écuyer, seigneur des Molières, ancien trésorier de France au bureau des Finances à Lyon, et de dame Madeleine Faure, dont il n'eut pas d'enfants.

Il se remaria à Lyon dans l'église de Saint-Nizier le 6 mai 1721 avec demoiselle CATHERINE AUBERT DE GRIGNON, fille de Claude Aubert de Grignon, secrétaire de Mgr l'intendant puis directeur de la marque d'or et d'argent de Lyon, bourgeois de Paris et de Pierrette de Valeille. Elle mourut à Lyon et fut inhumée à Saint-Pierre-le-Vieux, le 7 octobre 1730 . De cette union sont nés [30] :

1° Pierrette-Charlotte, née à Lyon, le 30 janvier 1722, mariée (contrat du 7 février 1744) à Jean-François Mazenod de la Bastie, chevalier, seigneur de la Bastie, fils de François Mazenod de la Bastie, écuyer, capitaine au régiment de Tessé, et de dame Catherine d'Orilliac, dont :

    A. Marie-Catherine-Claudine-Victoire, épouse à Saint-Chamond, le 18 février 1767, Jean-Henri-Joseph Royer, écuyer, avocat en parlement, juge général de la ville et marquisat de Saint-Chamond, subdélégué de Mgr l'intendant au département de la dite ville, fils de feu messire Jean-Baptiste Royer, écuyer, conseiller secrétaire du roi, audiencier près la cour des monnaies de Lyon et de dame Angélique de la Lande [31].

2° Antoinette-Charlotte, née à Lyon, le 30 octobre 1723, fut baptisée le 2 novembre suivant à Saint-Pierre-le-Vieux et mourut en bas âge.

3° Charles-Reynaud, né à Lyon, le 29 septembre 1724, baptisé à Saint-Pierre-le-Vieux, le 1ᵉʳ octobre, mourut le 4 avril 1725.

---

30. Reg. par. de Saint-Pierre-le-Vieux à Lyon.
31. Reg. par. de Notre-Dame à Saint-Chamond.

4° Jean-Baptiste-Charles, dont l'article suit.

5° Jean-Baptiste-Marie Dugas du Martelet, chevalier, né à Lyon, le 23 juin 1728, baptisé le 26 à Saint-Pierre-le-Vieux, lieutenant au régiment de Monaco infanterie en 1747, porte-drapeau à la bataille de Lawfeld, reçut trois blessures dans cette affaire; il fut ensuite capitaine au régiment de Belzunce (1er septembre 1755) et capitaine au régiment de Flandre.

Promu chevalier de Saint-Louis, le 10 mai 1763, il fut retraité cette même année avec une pension de 500 livres. Gouverneur de Montbrison par lettres de provision du 8 mai 1765, il épousa le 17 octobre 1773, demoiselle Catherine-Antoinette des Batisse, fille de feu messire Claude-André des Batisse, seigneur de Saint-Sorlin, et de dame Jeanne-Antoinette Aladane. Il mourut sans enfant, le 14 novembre 1778, au château de la Buissière en Nivernais.

6° Marie-Pierrette, née à Lyon, le 2 août 1729, mourut le même jour et fut inhumée le 4 à Saint-Pierre-le-Vieux.

7° Claude-Louis, né à Lyon, le 4 octobre 1730. Il mourut jeune.

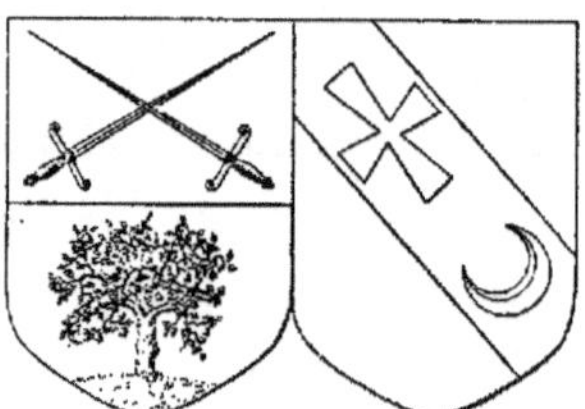

VI. Jean-Baptiste-Charles, baron DUGAS DE LA CATONNIÈRE, écuyer, né à Lyon, le 4 avril 1726, baptisé le 7 du même mois à Saint-Pierre-le-Vieux, servit à la première Compagnie des Mousquetaires à

cheval du 7 novembre 1750 au 11 décembre 1751 et fut nommé gouverneur de Rive-de-Gier, le 1er février 1768. Titré baron par lettres patentes
du 3 août 1816 confirmant l'ordonnance royale du 20 juin de la même
année [32], il mourut le 26 janvier 1821, au château de la Rey en Forez. De
son mariage célébré à Lyon, le 20 janvier 1761, avec demoiselle MARIE
BERTHOLET, née dans cette ville, le 16 novembre 1726, morte à la
Catonnière (Saint-Martin-la-Plaine) le 26 nivose an V, fille de Jean-
Baptiste Bertholet et de dame Marie-Madeleine de Russy, il laissa un fils
unique.

Antoine-Marie-Charles dont l'article suit :

VII. ANTOINE-MARIE-CHARLES, baron DUGAS DE LA CATONNIÈRE,
né à Lyon, le 21 juillet 1762, servit pendant le siège de Lyon dans la
cinquième compagnie des chasseurs à cheval de Précy, corps de cavalerie
recruté dans l'aristocratie forézienne, où se trouvait en même temps son
beau-père, Damien Staron de la Rey. Il mourut au château de la Rey,
le 23 avril 1824.

Il avait épousé, le 12 septembre 1791, CATHERINE STARON DE LA
REY, née en 1773, fille de noble Damien Staron, seigneur de la Rey et de
Saint-Marcel, et de dame Jeanne-Marie-Antoinette Guillet de Chatellus.
Catherine Staron de la Rey mourut à Montbrison, le 9 septembre 1818.

32. Voir Pièces justificatives III.

De ce mariage sont issus :

1° Antoine-Jean-Baptiste-Charles, baron Dugas de la Catonnière, né
à la Catonnière le 18 juillet 1792, gendarme de la Garde Royale
en 1814, nommé en 1815 sous-lieutenant aux chasseurs à cheval
de la Corrèze (7ᵉ chasseurs), fit comme lieutenant la campagne
d'Espagne de 1823, et prit sa retraite comme capitaine en 1825.
Nommé chevalier de la Légion d'honneur par le duc d'Angoulême
généralissime, le 10 novembre 1823, décoré de première classe
de l'ordre de Saint-Ferdinand d'Espagne, le 3 décembre 1823,
il fut promu le 1ᵉʳ septembre 1857, commandeur de l'ordre de
Charles III d'Espagne.

Marié en 1825 à Félicie de Prunelle, fille de Félix de Prunelle,
et de Clotilde Moreau de Bonrepos, il mourut sans enfant, à
Montchoisi (Caluire), le 2 octobre 1865. Sa femme mourut en
1869.

2° Damien-Marie-Charles-Victor, dont l'article suit.

3° Anne-Marie-Louise-Césarine Dugas de la Catonnière, né à la
Catonnière, le 10 septembre 1800, religieuse Ursuline au monastère de Lyon, morte en 1851.

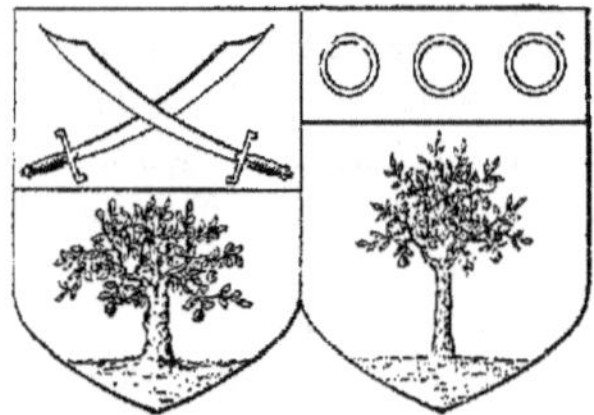

VIII. Damien-Marie-Charles-Victor, baron DUGAS de la CATON-
NIÈRE, commandeur de l'Ordre de Saint-Grégoire-le-Grand, naquit à

la Catonnière le 2 frimaire an VI (22 novembre 1797). Il habitait le château de Fenoyl, commune des Halles dont il fut maire. Il épousa à Feurs (Loire) le 25 avril 1830, JEANNE-OCTAVIE PERIER, fille de Gabriel Périer, écuyer, et de Marie-Antoinette Montaigne de Poncins. Elle mourut à Saint-Cyr-les-Vignes le 12 octobre 1852, à l'âge de quarante-deux ans. Victor, baron Dugas de la Catonnière, décéda à Lyon le 13 mai 1876. De cette union sont nés :

1° Joseph-Marie-Charles-Edouard, né à Montbrison, le 23 septembre 1831, mourut à Saint-Cyr-les-Vignes le 25 septembre 1852.

2° Charles, dont l'article suit :

3° Jeanne-Marie-Louise, née à Montbrison le 31 janvier 1837, épousa le 7 mai 1855 Jean Duguet du Bullion, né, le 20 mars 1820, fils de Jacques Duguet du Bullion, chevalier de Saint-Louis et de Simonne Chirat de Montrouge. Elle mourut sans enfant à Saint-André-le-Puy (Loire), le 21 mars 1890. Jean Duguet du Bullion était mort à Saint-André-le-Puy, le 11 décembre 1881.

IX. CHARLES, BARON DUGAS DE LA CATONNIÈRE, né à Montbrison, le 2 février 1834, épousa le 24 mai 1859 au château de Malijay (Vaucluse) MARIE-THÉRÈSE-FÉLICIE LÉGIER DE MONTFORT-MALIJAY, fille de Jean-Joseph-Oswald, baron de Montfort-Malijay (né à Sorgues-sur-l'Ouvèze en décembre 1809, mort à Malijay le 2 mai 1893) et de Clotilde de Prunelle (née en 1809, morte à Malijay le 25 novembre 1882). Elle était née en 1837 et mourut à Lyon le 22 mai 1888 ayant eu de son union :

1° Charles-Marie-René, dont l'article suit.

2° Marie-Charles-Jean-Georges, né à Montbrison, le 7 janvier 1862, mort le 2 mars 1864.

3° Marie-Hélène-Marguerite [33], née à la Rey le 18 septembre 1863, mariée le 6 août 1891 à Lyon à Marie-André-Jean, comte de la Forest-Divonne, lieutenant au 10ᵉ d'infanterie, né à Poligny en 1863, fils de Pierre-Arthur, comte de la Forest-Divonne, et de Alix de Jouffroy d'Albans. De cette union sont nés :

    A. Marie-Joseph-Charles-Pierre, né à Auxonne le 19 juillet 1892.

    B. Josèphe-Marie-Thérèse, née à Saint-Etienne, le 7 octobre 1893.

    C. Marie-Alix, née à Saint-Etienne le 4 octobre 1894.

4° Jeanne-Marie-Berthe Dugas de la Catonnière.

(33) Registres paroissiaux de N.-D. de Montbrison.

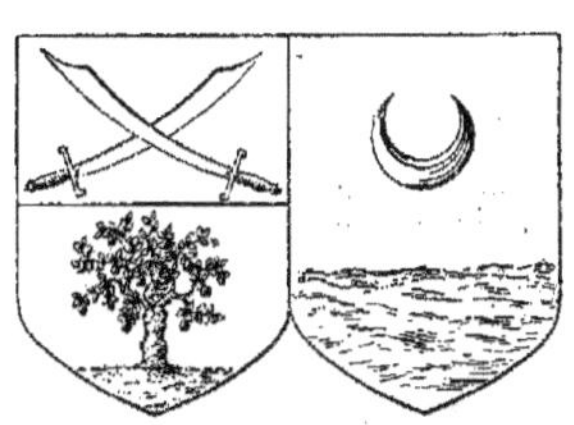

X. CHARLES-MARIE, BARON RENÉ DUGAS DE LA CATONNIÈRE,
né aux Halles-le-Fenoyl (Rhône), le 7 mai 1860, marié à Bellegarde
(Loire), le 14 mai 1891, à Marie-Thérèse-Victoire de RIVÉRIEULX DE
CHAMBOST, fille de Jean-Claude-Anatole de Rivérieulx, comte de
Chambost, et de Marie-Françoise-Edwige Ranvier de Bellegarde.

BRANCHE DES VARENNES

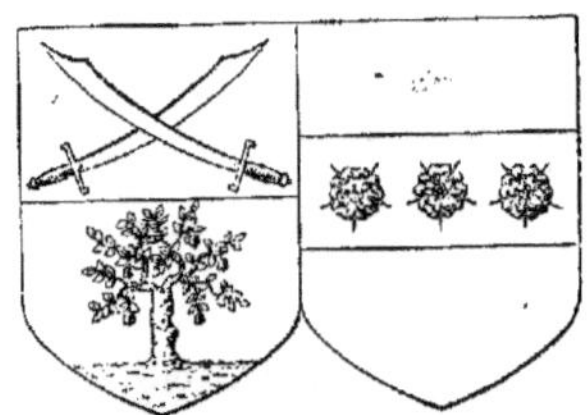

V. Antoine DUGAS, sieur de Valdurèze et des Varennes, fils de Charles Dugas de Valdurèze et de Catherine Philibert, né à Saint-Chamond le 3 février 1705, mourut le 10 avril 1766, ayant testé le 11 août 1756 (Guyot, notaire royal à Lyon). Il fut trésorier de France au bureau des finances de la généralité de Lyon par provisions du 12 juillet 1763[34]. Il épousa en premières noces demoiselle Marie-Jacqueline RAVACHOL, fille de Jean-Louis Ravachol et de dame Françoise Clapayron (contrat du 18 novembre 1745). Elle mourut le 6 septembre 1751 ayant eu deux enfants morts jeunes :

1° Louise-Françoise, baptisée le 3 mai 1749.

2° Charles-François-Marie, baptisée le 20 août 1751.

Antoine Dugas des Varennes, épousa en secondes noces demoiselle Benoîte CHALAND, fille d'Antoine Chaland et de Marguerite Boucher. Elle mourut le 14 juin 1756 laissant :

3° Antoine-Marie-Charles dont l'article suit.

---

34. Charge revendue à noble Jérôme Béclet, avocat en Parlement, qui en fut pourvu par lettres données à Compiègne le 10 septembre 1766.

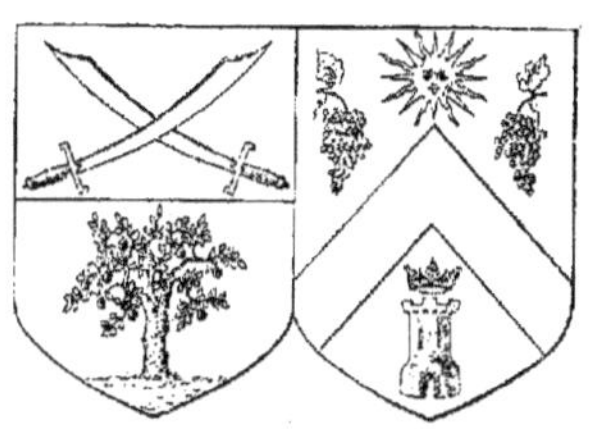

VI. Antoine-Marie-Charles DUGAS, écuyer, sieur des Varennes, né le 27 juin 1755, gendarme de la garde du roi à la date du 16 mai 1772, sous-lieutenant au régiment provincial de Mantes en 1775, sous-lieutenant de grenadiers royaux en 1778, donna sa démission en 1784. Il obtint la charge de trésorier de France par provisions du 26 mars 1783. Il prit part au siège de Lyon en 1793[35].

Député de la Loire en 1814, son mandat lui fut renouvelé par les électeurs de ce département pendant presque toute la durée de la Restauration.

Il épousa en 1786 Antoinette-Catherine DE VINCENT DE SOLEYMIEUX, née le 12 avril 1768, fille d'Antoine de Vincent de Soleymieux, écuyer, et de dame Antoinette Neyron. De cette union naquit seulement une fille morte enfant :

Marie Dugas des Varennes, baptisée le 22 novembre 1789.

35. Il testa le 13 septembre 1786 (Montellier). Ce testament est cacheté de ses armes.

PROBE
ID DA

II

BARONS DU VILLARD

SEIGNEURS DE LA TOUR DES SAUVAGES EN VELAY

SEIGNEURS DE CHASSAGNY

MONTBEL, LA BOISSONNY ET LE VERNAT

EN LYONNAIS ET FOREZ

III. Antoine DUGAS était le plus jeune des fils de Mᵉ Jean Dugas et de dame Louise Gabriel nommé dans le testament du 26 mars 1679.

Il fut d'abord notaire royal à Pélussin puis à Saint-Chamond, ayant acquis le 6 janvier 1676 l'office de son père que possédait alors Charles Dugas son frère. Il fut aussi procureur d'office de la dite ville. Il épousa, le 4 mars 1669, demoiselle CATHERINE RIGAUD, fille de Mᵉ Paul Rigaud[36], notaire royal de Pélussin et de dame Jeanne Dervieux. La sœur de Catherine Rigaud nommée Marie fut mariée le 3 novembre 1677 à noble François de Marcoux, seigneur du Bay, fils de noble Nicolas de Marcoux et de dame Louise de Fusier.

De cette union sont nés :

1° Charles dont l'article suit.

36. Mᵉ Paul Rigaud avait épousé, le 9 février 1637, demoiselle Jeanne Dervieux, fille de Mᵉ Michel Dervieux, notaire royal de Virieux en Forez, et de dame Françoise Charrin.

2° Vénérable messire Jean-Baptiste Dugas, prêtre, curé de Saint-Ennemond à Saint-Chamond, né le 4 juin 1670, eut pour marraine dame Jeanne Dervieux, veuve de M⁽ᵉ⁾ Paul Rigaud, sa grand'mère.

3° Louise Dugas, née le 28 mai 1671[37], épousa Simon Bonnard, bourgeois de Saint-Chamond dont elle eut :

    A. Magdeleine, mariée à Etienne Maniquet, écuyer, fils de noble Augustin Maniquet, conseiller secrétaire du roi.

    B. Jeanne épousa, le 20 novembre 1723, Louis Poidebard, bourgeois de Saint-Paul-en-Jarez, fils de Jacques Poidebard, M⁽ᵉ⁾ chirurgien de Saint-Galmier-en-Forez, et de dame Marguerite Dumeyne de la Font.

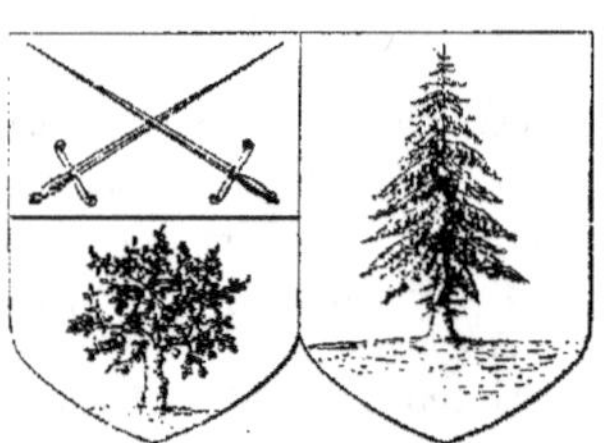

IV. CHARLES DUGAS, bourgeois de Saint-Chamond, nommé greffier des traites pour la dite ville, par provisions du 18 août 1709 [38], y épousa

37. Reg. par. de Notre-Dame de Pontcharra à Saint-Chamond.

38. Il fut aussi pourvu de la charge de changeur du roi à Saint-Chamond par lettres de provisions du 28 mai 1734, enregistrées à la cour des monnaies de Lyon, le 9 juillet 1735. Archives de M. Ivan Dugas.

le 24 janvier 1702, demoiselle Anne PITIOT, fille de Joseph Pitiot, conseiller du roi et son receveur, à Saint-Chamond, en la juridiction des douanes, et de dame Gasparde Martinier. Anne Pitiot mourut le 5 juin 1747, âgée de soixante-douze ans, ayant eu de son union :

1° Joseph, dont l'article suit.

2° Marie-Antoinette, baptisée le 11 juin 1703, eut pour parrain Antoine Dugas, son grand-père.

3° Françoise, baptisée le 13 juin 1707, eut pour parrain, messire Jean-Baptiste Dugas, prêtre, son oncle.

4° Louise, baptisée le 12 juillet 1708, eut pour marraine dame Louise Dugas, sa tante, épouse de Simon Bonnard, bourgeois de Saint-Chamond.

5° Anne, baptisée le 30 novembre 1718, morte le 31 avril 1736.

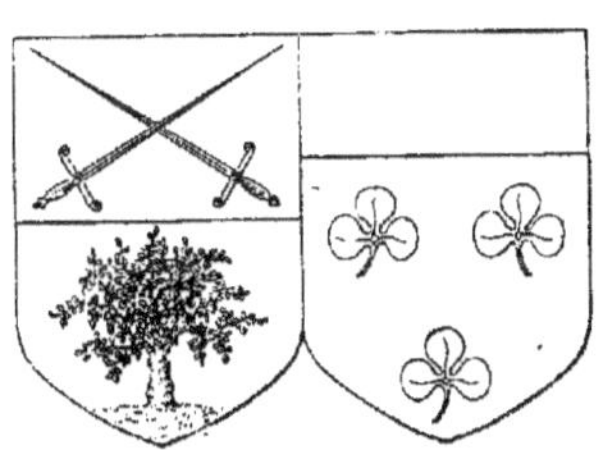

V. Joseph DUGAS-VIALIS, bourgeois de Saint-Chamond, baptisé, le 6 novembre 1705, épousa le 20 août 1727 [39], dans la chapelle du château d'Ecossieu, fief possédé par la famille Dareste à Saint-Jean-de-Toulas,

39. Contrat du 17 août 1727, reçu M⁰ Vernon, notaire royal à Lyon.

CATHERINE VIALIS, demoiselle, fille de noble Jean-François Vialis, héraut d'armes de France. Le mariage fut bénit par messire Jean-Baptiste Dugas, oncle de l'époux, curé de Saint-Ennemond. Catherine Vialis mourut âgée de quatre-vingts ans, le 5 décembre 1788, laissant la belle postérité qui va suivre.

1° Jeanne-Charlotte, baptisée le 18 octobre 1728 eut pour parrain noble Barthélemy Dareste, son grand'oncle, gentilhomme de la grande vénerie du roi. Elle mourut le 2 avril 1737.

2° Benoît, baptisé le 27 novembre 1729, eut pour parrain vénérable messire Benoît Vialis, son oncle, prêtre sociétaire de l'église Saint-Pierre et Sainte-Barbe à Saint-Chamond, prieur de Torépane, docteur en théologie de la Faculté de Paris.

3° Jean-Baptiste Dugas de Chassagny, écuyer, baptisé le 13 septembre 1730, dont l'article suit.

4° Jacques Dugas du Villard, écuyer, baptisé le 22 décembre 1731, eut pour parrain noble Jacques de Boissieu, son oncle, docteur en médecine. Il a formé la branche du Villard.

5° Charlotte, baptisée le 28 décembre 1732, eut pour marraine Jeanne Dareste, sa grand'mère, veuve de François Vialis, écuyer.

6° Barthélemy, baptisé le 4 février 1736, mort le 20 septembre 1746.

7° Gabrielle, baptisée le 16 avril 1737, religieuse professe au monastère de Sainte-Ursule à Saint-Chamond.

8° Jeanne-Louise, baptisée le 13 août 1738, épousa le 20 mai 1760 Jean-Louis Regnault, bourgeois de Saint-Chamond, fils de Michel Regnault et de dame Anne Pélissier, dont sont issus :

A. Catherine, baptisée le 5 mai 1761, mariée à M. de Chazotte.

B. Jean-Baptiste-Louis, baptisé le 24 juillet 1762.

C. Claude-Antoine-Joseph, baptisé le 17 avril 1763.

D. Élisabeth, baptisée le 7 octobre 1764, épousa, le 13 janvier 1784, Fleury Grangier, fils de Jean-Jacques Grangier, receveur des gabelles pour la ville de Saint-Chamond, et de dame Marie Petitot.

E. Françoise, baptisée, le 13 novembre 1765, mariée le 12 avril 1785, à Claude Fournas, fils de Jean-Marie Fournas, bourgeois de Saint-Chamond, et de dame Marguerite Duculty.

F. Françoise-Victoire, baptisée le 9 juin 1767.

G. Louise, baptisée le 9 juillet 1769, mariée, le 7 mars 1791, à Jean-Claude Thiollière, fils de Jean-François, bourgeois de Saint-Étienne, et de dame Marguerite Ravel.

H. Marie-Antoinette, baptisée le 23 novembre 1770, mariée, le 21 floréal an IV (10 mai 1796) à Joseph-Vital Borel, fils de Joseph Borel et de Laurence Lantelme.

I. Jeanne-Antoinette, baptisée le 5 décembre 1771, mariée à Pierre de Guillon.

J. Christophe-Marie, baptisé le 10 décembre 1774.

9° Jean-Jacques Dugas-Vialis, baptisé le 2 décembre 1739, a formé la branche Dugas-Vialis.

10° Charles, baptisé le 19 mars 1741.

11° Camille Dugas, écuyer, baptisé le 4 août 1742, a formé la branche de Montbel qui sera donnée à sa place.

12° Claude-Marie Dugas, écuyer, a formé la branche de la Boissonny qui sera donnée après celle de ses frères.

13° Joséphine-Françoise Dugas, mariée en premières noces, le 12 août 1766, à Saint-Chamond, à Christophe Chaland, fils de Léonard Chaland et de dame Julienne Pléney. De cette union sont nés :

A. Pierre-Joseph-Marie, baptisé le 1er septembre 1767.

B. Jean-Baptiste, baptisé le 13 novembre 1768, le seul des enfants de Christophe qui ait eu postérité, épousa Marguerite Verdat de la Grange.

C. Jeanne-Louise, baptisée le 6 octobre 1769.

D. Catherine, baptisée le 26 février 1772.

E. Jérôme, baptisé le 26 mars 1774.

F. Claude-Marie, baptisé le 17 février 1778.

G. Jeanne, baptisée le 15 octobre 1780.

Joséphine-Françoise Dugas épousa en secondes noces, Jacques Rodier, dont elle a eu :

H. Catherine-Pauline, baptisée le 5 octobre 1786.

I. Claudine-Jeanne, baptisée le 22 octobre 1788, mariée à Jean-Baptiste Bourbon de Saint-Laurent.

14° Jean-Baptiste, baptisé le 16 mars 1752, eut pour parrain et marraine Jean-Baptiste et Gabrielle Dugas ses frère et sœur [40].

---

40. Reg. par. des églises Saint-Pierre et N.-D. de Poncharra à Saint-Chamond.

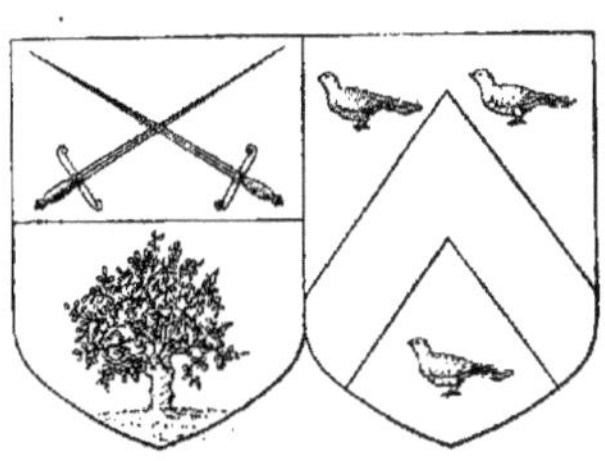

VI. Jean-Baptiste DUGAS de CHASSAGNY, écuyer, seigneur de Chassagny, baptisé le 13 septembre 1730, mourut en 1814. Il obtint des lettres de noblesse données à Versailles au mois de mars 1777, en récompense de progrès importants réalisés par lui dans l'industrie, et acquit la terre de Chassagny en Lyonnais restée après lui par héritage entre les mains d'une branche des Jordan qui en a conservé le nom. Il épousa en premières noces, le 16 novembre 1771, demoiselle Marie-Lucrèce BALAS, morte le 28 septembre 1875, à l'âge de quarante-quatre ans, fille de Antoine Balas et de dame Françoise Dervieu ; en secondes noces, Jeanne-Angélique ROYER, demoiselle, fille de Jean-Baptiste Royer, écuyer, et de dame Angélique de la Lande. Angélique Royer mourut sans enfant, après avoir fait héritier son mari, par testament du 21 juin 1796, reçu Berthon du Fromental, notaire à Lyon.

Du 1er lit était née :

1° Catherine Dugas de Chassagny, baptisée le 20 septembre 1775, mourut en juillet 1836. Elle épousa en 1792 Antoine-Henri Jordan de Sury, fils d'Antoine-Henri Jordan et de Marie-Madeleine Briasson, baptisé à Saint-Nizier de Lyon, le 10 juillet 1762, mort le 3 janvier 1835. Il était propriétaire de la belle terre de Sury-en-Forez dont le château remarquable à plus d'un titre a été restauré avec soin par ses descendants.

De cette union sont nés :

A. Jacques-Henri Jordan de Sury, né en 1794 mort au château de Beauvoir (Nièvre), le 5 mai 1872, laissant de Anne-Marie Jovin des Hayes, décédée le 4 juin 1885 : 1° Jean-Aimé, marié à Alice-Madeleine Humann ; 2° Antoine-Henri, né à Lyon le 2 janvier 1822, mort sans alliance ; 3° Marie-Camille, mariée à Jacques-Ennemond Humann, trésorier général de la Nièvre, puis de la Loire ; 4° Henriette-Edith, mariée à Henri Dugas.

B. Jean-Baptiste-Camille Jordan de Puyfols, officier de chasseurs, chevalier de l'Ordre de Charles III d'Espagne, marié vers 1825 à Zoé-Polixène Magdeleine, de laquelle sont issus : 1° Marie-Eugène, mort au château de Courbelimagne, dans le Cantal, le 18 mai 1891, marié à Marie-Christine-Isménie de Greils de Massillac, décédée le 3 avril 1893.

C. Claude-Edouard Jordan de Chassagny, né à Lyon le 10 Brumaire an IX, mort à Chassagny le 31 mars 1858, avait épousé à Saint-Laurent-d'Agny, le 11 avril 1827, Marguerite-Anastasie Bourbon, née le 14 avril 1808, morte le 9 mai 1878, fille de Jean-Baptiste Bourbon de Saint-Laurent et de Jeanne-Claudine Rodier dont sont issus : 1° Antoine-Alfred, né le 16 juillet 1828, marié à Marguerite Chaland ; 2° Jean-Baptiste-Paul, né le 24 mai 1830, décédé le 20 octobre 1831 ; 3° Henri-Ernest, né le 23 mars 1832, décédé avant 1878 ; 4° Jacques-Jules, né le 21 mars 1834, mort avant 1878 ; 5° René ; 6° Marguerite-Mathilde, née le 18 juillet 1836, mariée le 17 janvier 1855 à François-Barthélemy-Alfred Royer de la Bastie, fils de Etienne-Henry Royer de la Bastie et de Charlotte-Sophie Marron de Belvey.

D. Catherine-Henriette Jordan, née à Lyon le 14 décembre
   1792 y épousa le 28 avril 1811, contrat reçu Berthon
   du Fromental, Alphée-Marie Aynard, né audit Lyon,
   le 6 février 1778, fils de Claude-Joseph Aynard et de
   Pierrette-Marguerite Renaud dont : Théodore Aynard,
   marié le 1ᵉʳ mai 1849 à Henriette d'Aubarède.

E. Julien-Marie Jordan, prêtre de la Compagnie de Jésus,
   né le 26 Messidor an XI.

F. Jeanne-Angélique Jordan, née le 16 Ventôse an IV,
   épousa le 20 décembre 1813, contrat reçu Mᵉ Berthon
   du Fromental, Charles-Alexandre Magneunin, né à
   Lyon le 21 mai 1787, fils de feu Michel Magneunin
   et de Françoise Giraud.

G. Camille Jordan, né le 23 vendémiaire an VII, officier des
   chasseurs à cheval du Var (1822).

H. Louis-Marie-Benoît Jordan, né le 2 août 1806.

DUGAS DU VILLARD

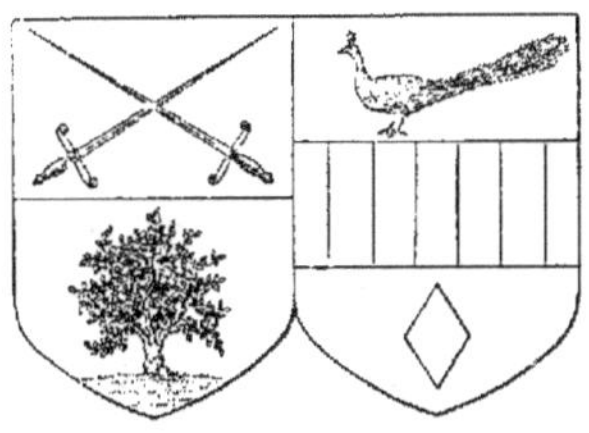

VI. Jacques DUGAS du VERNAT, écuyer, baron du VILLARD,
baptisé à Saint-Chamond le 22 décembre 1731. Il fut anobli par les lettres
patentes de 1777 accordées à son frère aîné et acquit la terre du Villard
en Velay [41] à laquelle était attaché le titre de baron. Il épousa le 20 juillet
1773, contrat du 18, reçu Mes Perronet et Montellier, conseillers du roi,
notaires à Lyon, demoiselle Elisabeth REGNAULT, fille de Camille
Regnault, bourgeois de Saint-Chamond, et de Laurence Crozet, en
présence de MM. Jean-Baptiste-Camille et Claude Dugas, frères de l'époux,
de noble Pierre-Antoine Fromage, avocat en Parlement, juge général
civil, criminel et de police de la ville de Saint-Etienne, et de noble Thomas
Regnault, avocat en Parlement, beau-frère et frère de l'épouse. Il testa le

41. Cette baronnie était autrefois possédée par les Royraud. Le dernier octobre 1361,
par acte reçu Me Delafont, notaire, Noble Hugues de Royraud fils et héritier universel
de feu Noble Eymard de Royraud, seigneur du Villard, rendit hommage au seigneur
évêque du Puy des biens qu'il avait en sa baronnie du Villard et ailleurs en fief franc et
noble (preuves littérales maternelles d'Henri de Vogué de Gourdan; Malte, H. 90,
Arch. du Rhône).

14 décembre 1796 devant maître Berthon du Fromental, notaire à Lyon, en faveur de Camille-Catherin Dugas du Villard, son fils unique :

1° Camille-Catherin Dugas du Villard, né à Saint-Chamond le 3 mai 1774, mort le 17 mars 1860, dont l'article suit :

VII. Camille-Catherin DUGAS, baron du VILLARD, épousa à Lyon le 27 floréal an VI, Jacqueline JACQUET du CHAILLOU, âgée de vingt-un ans, demeurant à Fleury en Lyonnais, fille de Christophe Jacquet du Chaillou et de Jeanne-Jacqueline-Emilande Blanot, dont il a eu :

1° Polyeucte-Zénon, né le 25 floréal an XII, dont l'article suit :

2° Zénaïde, mariée à M. de Lanjamey, receveur général des Pyrénées-Orientales, dont une fille morte en bas-âge.

3° Polyeucte, mort sans alliance.

4° Elvire, morte aussi sans alliance.

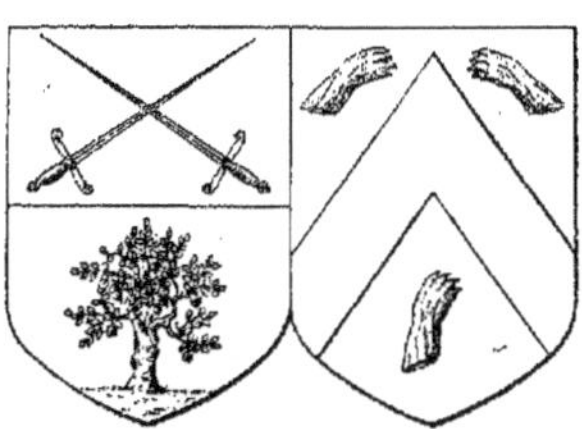

VIII. Polyeucte-Zénon DUGAS, baron du VILLARD, mort en octobre 1855, avait épousé, le 23 novembre 1835, à Villevocance (Ardèche), Marie-Antoinette-Alexandrine de LAYVILLÈRE, née en 1806, morte le 5 juin 1887, fille de Joseph-Etienne-Jeanne de Humbert de Layvillère, chevalier de Saint-Louis, et de dame Marie-Camille-Félix Soulier.

De cette union sont nés :

1° Camille, dont l'article suit.

2° Paulien Dugas du Villard, marié le 4 mai 1868 à Elisabeth Neyrand, fille d'Elysée-François-Marie Neyrand et de Louise Thiollière, dont :

    A. Alexandrine.

    B. Sabine.

    C. Louise.

    D. Antoine.

    E. Marie.

F. Marguerite.

G. Henri.

H. Pierre.

3° Félix Dugas du Villard, né en mars 1844, marié le 27 novembre 1877 à Mathilde de la Font, dont :

A. Mathilde.

B. Isabelle.

4° Zénaïde, mariée à Antoine-Michel Merle du Bourg, dont :

A. Camille.

B. Félix.

5° Anne-Gabrielle, mariée, le 5 février 1862, à Charles de Moze. Elle mourut le 23 novembre 1875, ayant eu de son union :

A. Yves, mort jeune.

B. Charlotte.

6° Antonie, sœur jumelle d'Anne-Gabrielle, a épousé, le 23 octobre 1866, Stéphane Germain de Montauzan, fils de Philippe Germain de Montauzan et de Marie-Amélie Poidebard, dont :

A. Stéphane-Antoine-Philippe, décédé le 4 mars 1895.

B. Jean-Baptiste.

C. Gaspard.

D. Marie-Amélie-Camille, mariée, le 21 octobre 1893, à Camille-François-Marie-Joseph Germain de Montauzan, fils de Philippe Germain de Montauzan, et de Clarisse de Chazotte.

E. Germaine.

F. Antoine.

G. Gabrielle.

H. Jeanne.

I. Raymonde.

J. Fabienne.

7° Marie-Xavérine, mariée, le 23 octobre 1866, à Antoine-Élysée
Dugas (voir branche Dugas-Vialis).

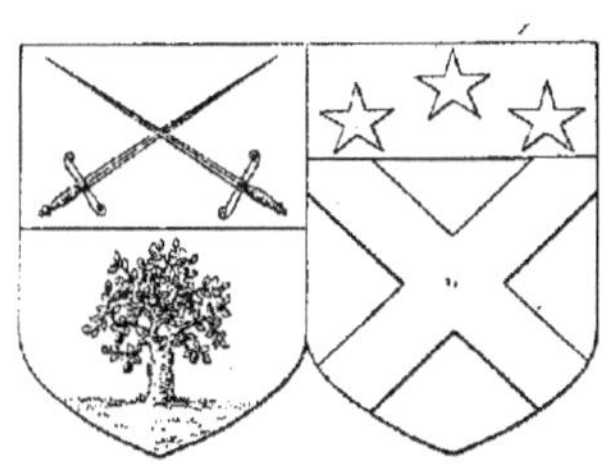

IX. Camille DUGAS, baron du VILLARD a épousé, en 1863, Marie
de FRAIX de FIGON, fille d'Adolphe de Fraix de Figon et d'Eugénie
Neyrand. De cette union sont nés :

1° Zénon.

2° Joseph.

3° Élysée.

4° Camille.

5° Félix.

6° Adolphe.

7° Jean.

8° Élise, mariée, le 7 novembre 1893, à Marie-Camille-Jacques Dugas, fils d'Antoine-Élysée Dugas-Vialis, et de Marie-Xavérine Dugas du Villard.

9° Antoinette.

10° Thérèse.

11° Gabrielle.

12° Marguerite-Marie.

13° Marie-Louise.

DUGAS VIALIS

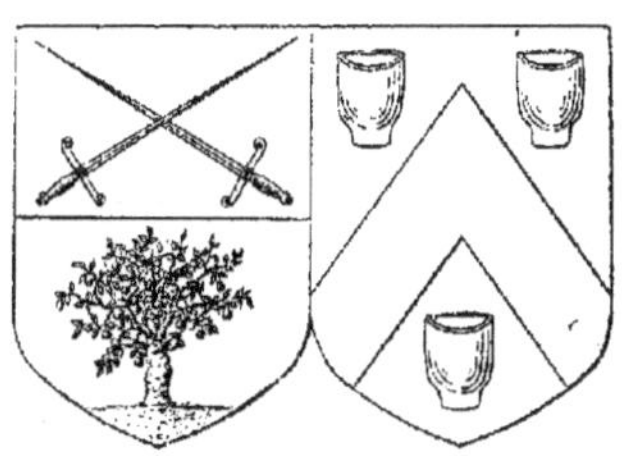

VI. Jean-Jacques DUGAS-VIALIS, né le 2 décembre 1739, eut pour parrain, noble Jean-Jacques Dareste de la Plagne, et pour marraine, dame Anne Pitiot, sa grand'mère. Il fut premier consul de la ville de Saint-Chamond (1785-1786), et mourut le 5 floréal an XI. Il avait épousé, le 8 janvier 1780, demoiselle Laurence CROZET, morte à Voiron, le 7 novembre 1833, fille de Thomas Crozet et de Marie-Antoinette Cayrel. De cette union sont nés :

1° Jean-Jacques-Marie, dont l'article suit.

2° Catherine-Marie, baptisée le 22 octobre 1780, eut pour parrain, Thomas Crozet, son aïeul, et pour marraine Catherine Vialis, aussi son aïeule, et mourut le 1er août 1836. Elle avait épousé (contrat du 20 germinal an VII) Victor Robichon, fils de Michel Robichon et de Marie-Anne Esnard, dont :

A. Marie-Antoinette-Clotilde, née le 17 janvier 1803, morte le 13 mars 1819, à Givors, où elle avait épousé, le 8 février 1818, François-Joseph Neuvesel.

B. Marie-Anne, mariée, en 1822, à L. Fleurdelix.

C. Laurence, née à Givors, en l'an XIII.

3° Catherine-Louise-Laurette Dugas-Vialis, née le 14 octobre 1784, eut pour parrain Laurent Crozet, son oncle. Elle épousa Étienne Malgontier, mort le 5 mars 1842, dont :

    A. Marie-Antoinette-Laurence, morte le 7 novembre 1873, avait épousé M. Benoît Balleydier.

    B. Camille-Joseph, marié à Mlle Julie Teillard, mourut le 1er août 1877.

    C. Clotilde-Marie, morte le 20 novembre 1888, avait épousé M. Arsène Juillet.

    D. Paul-Victor, marié, le 12 juillet 1864, à Mlle Francine Mulsant, mourut le 30 juillet 1881.

4° Camille-Catherine, baptisée le 20 janvier 1787, eut pour parrain Camille-Catherin du Villard, et pour marraine Marie-Catherine de Chassagny, ses cousins germains. Elle épousa : 1° le 7 octobre 1810, Pierre Campredon, fils de Pierre Campredon, et de dame Marie Ardisson, sans postérité ; 2° le 16 décembre 1840, Jean-Baptiste-Marie Grangier, ancien chef d'escadron de cuirassiers, chevalier de Saint-Louis et officier de la Légion d'honneur, fils de Fleury Grangier et de dame Élisabeth Regnault, dont : Camille et Stéphanie, morts jeunes.

5° Jeanne-Angélique, baptisée le 3 mars 1789, eut pour parrain Camille Crozet, son oncle, et pour marraine, Jeanne-Angélique Royer, sa tante, épouse de M. de Chassagny. Elle mourut le 11 janvier 1864, laissant de son union avec M. Vincent Frachon, fils de Jean-François-Xavier Frachon, notaire à Annonay, et de dame Catherine Duret (mariage du 23 avril 1817) :

A. Marie-Laurence, morte le 5 mai 1892, avait épousé Fran-
çois-Louis-Alphonse Maniquet.

B. Vincent, marié à Césarine Hulmière, morte le 15 novembre
1854.

C. Victor, né en 1822, marié à Agathe Lacroix.

6° Agathe, baptisée le 31 août 1790, morte le 19 octobre 1841, avait
épousé le 10 septembre 1824, Pierre-Joseph-Henri Carlet. De
cette union sont nés :

A. Laurent-Victor-Henri, ingénieur, mort sans alliance, le
18 octobre 1893.

B. Camille-Catherine-Étiennette, mariée suivant contrat du
22 novembre 1849, à Jean-François-Maurice.

VII. Jean-Jacques-Marie DUGAS-VIALIS, baptisé le 28 février 1783,
eut pour parrain Jean-Baptiste Dugas de Chassagny, écuyer, son oncle.
Il épousa, le 18 février 1813, demoiselle Benoite-Virginie FLACHAT,
née à Saint-Chamond, le 25 frimaire an II, fille d'Antoine Flachat et de
dame Antoinette-Marie-Jeanne Hervier de Barollière.

De cette union sont nés :

1ª Antoine-Marie, dont l'article suit.

2° Laurence-Virginie, née le 1ᵉʳ juillet 1814, morte le 25 novembre 1874, épousa, le 17 juin 1834 Jean-Baptiste-Camille Dugas, né le 26 février 1810, fils de Thomas Dugas et de dame Marie Ponchon (Voir branche Dugas-Montbel).

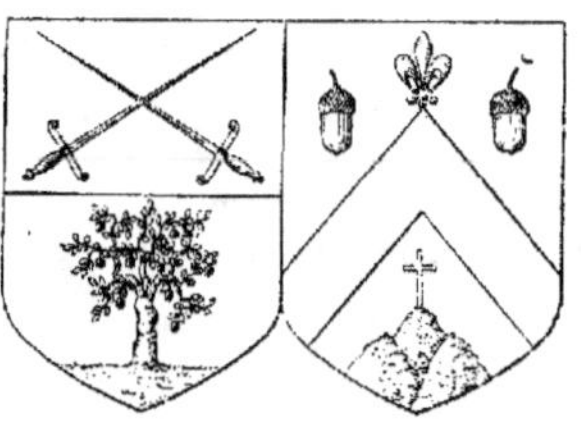

VIII. Antoine DUGAS, né à Saint-Chamond, le 15 avril 1817, mort au château du Colombier, le 3 décembre 1873, épousa : 1° à la Croix-Rousse, le 17 juillet 1843 Jeanne-Louise-Noémi DUGAS, née le 24 octobre 1822, fille de Laurent-Louis-Claude Dugas et de dame Elisabeth Calas ; 2° le 7 septembre 1852 Louise-Adélaide-Robertine-Amélie DE BOUCHERVILLE, née le 1ᵉʳ décembre 1827, fille de Ferdinand de Boucherville et de Nathalie de Folleville, dont du premier lit :

1° Elysée, dont l'article suit.

Du deuxième lit :

2° Marguerite Dugas, née le 27 octobre 1853, mariée le 9 avril 1872 au baron Emilien Pasquier de Franclieu, fils du baron de Franclieu et de la baronne, née du Colombier, dont :

A. Anselme, né le 17 mai 1873.

B. Henry, né le 31 octobre 1874.

C. Carmelle, née le 21 juin 1877.

D. Aimée, née le 24 décembre 1882.

E. Albert-Joseph, né le 8 février 1885.

3° Louis-Laurent-Marie-Georges Dugas, né à Lyon le 7 septembre 1855, marié, le 28 février 1883, à Marguerite-Marie-Louise-Jeanne Meaudre, née le 17 avril 1860, fille de Marie-Adrien Meaudre et de Marguerite-Louise-Laure Peillon dont :

A. Robert, né le 16 décembre 1883.

B. Marie-Alberte, née le 16 juillet 1886.

C. Marguerite, née le 23 décembre 1887.

D. Gabrielle, née le 20 juillet 1890.

4° Marie Dugas, née le 13 avril 1857, mariée, le 22 août 1876, au baron Joseph Pasquier de Franclieu, mort le 7 avril 1879, fils du baron de Franclieu et de la baronne née du Colombier, dont :

A. Anselme-Robert, né le 22 juin 1877, mort en janvier 1878.

B. Marthe, née le 8 septembre 1878.

5° Jeanne Dugas, née le 9 décembre 1858, a épousé, le 6 août 1878, Marie-Joseph-Gabriel Falcon de Longevialle, né le 6 août 1846, fils de Philibert Falcon de Longevialle, mort le 23 janvier 1858, et de Françoise-Hélène Ponsonnaille du Chassan, décédée à Langeac, en 1874. De cette union sont nés :

A. Henri, né le 28 mai 1879.

B. Robert, né le 16 novembre 1880.

C. Joseph, né le 18 février 1882.

D. Louis, né le 28 octobre 1883.

E. Marguerite, née le 26 mai 1885.

F. Jean, né le 3 septembre 1886.

G. Antoine, }
H. Albert, } nés le 5 octobre 1887.

I. Marie, née le 23 décembre 1888.

J. André, né le 28 novembre 1889.

K. Maurice, né le 11 octobre 1891.

L. Guérin, né le 11 décembre 1892.

M. Guy, né le 13 décembre 1893.

6° Albert-Henri-Marie-Joseph Dugas, né à Saint-Maurice-de-l'Exil (Isère), le 23 novembre 1860, marié à Lyon, le 6 mars 1883, à Claire-Louise-Marie-Thérèse Desgeorges, née à Lyon, le 9 décembre 1864, fille de François-Gabriel-Amédée Desgeorges et de Louise-Joséphine-Henriette de Bougerel.

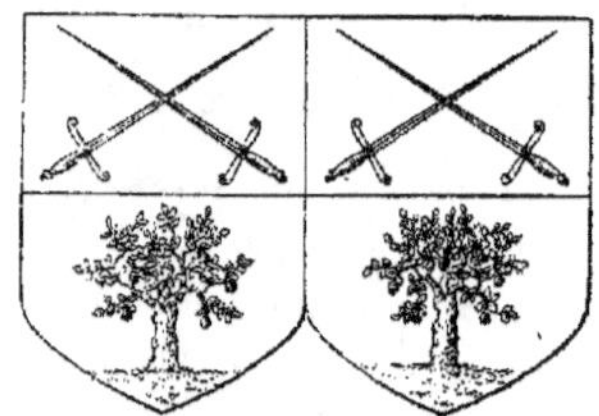

IX. Antoine-Élysée DUGAS, né le 14 janvier 1845, mourut le 14 mars 1883. Il avait épousé, le 23 octobre 1866, Marie-Xavérine

DUGAS du VILLARD, fille de Zénon Dugas du Villard, et de Marie-Antoinette-Alexandrine de Layvillère, dont :

1° Marie-Louis-Antoine, né le 15 septembre 1867.

2° Marie-Camille-Jacques, né le 5 octobre 1868, marié le 7 novembre 1893, à Élise Dugas du Villard, fille de Camille Dugas, baron du Villard, et de Marie de Fraix de Figon.

3° Marie-Élisabeth-Noémi, née le 13 novembre 1874.

DUGAS MONTBEL

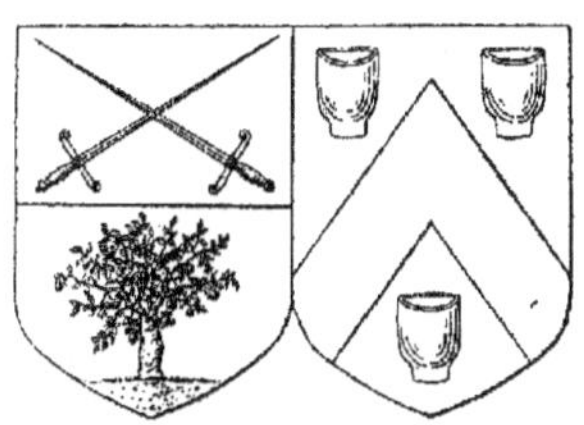

VI. Messire Camille DUGAS, écuyer, conseiller secrétaire du roi en
la chancellerie établie près le Parlement d'Aix, baptisé à Saint-Chamond,
le 4 août 1742, eut pour parrain Camille Dareste, écuyer, seigneur de
Saconay, et mourut le 21 mars 1799. Il possédait la terre du Breuil près
d'Ambérieux et la seigneurie du Sapt dans la paroisse de Saint-Genest-
Malifaux où se trouvait le fief de Montbel, dont un membre de la famille
prit le nom qu'il a rendu célèbre dans les lettres. Camille Dugas épousa
en premières noces le 16 juin 1772, dans la chapelle des Rouardes,
demoiselle Antoinette-Victoire CROZET, morte le 14 novembre 1784,
fille de Thomas Crozet et d'Antoinette Cayrel, puis en secondes noces,
le 12 septembre 1786, demoiselle Jeanne-Madeleine REY, fille de
Antoine-Régis Rey, mort en la ville de Madrid, en Espagne, et de dame
Madeleine Regnel. Furent présents au contrat dudit mariage (reçu
Delorme, notaire royal à Lyon), MM. Philippe Rey de Morande, Barthélemy Rey de Colonge et Louis-Eléonore Rey de Fontbonne, frères de la
future.

Du premier lit sont nés :

1° Thomas, baptisé à Saint-Chamond le 27 mars 1773, dont l'article
suit :

2° Jean-Baptiste-Marie Dugas de Montbel, baptisé à Saint-Chamond
le 12 mars 1776. Littérateur distingué, il attacha surtout son
nom à la traduction d'Homère. Elu membre de la Chambre des
députés dans le département du Rhône, le 4 juillet 1830, chevalier de la Légion d'honneur par ordonnance du 27 avril 1833,
des Académies de Lyon, Besançon et Nancy, il fut admis à
l'Institut le 28 novembre 1830 et mourut à Paris le 30 novembre
1834, dans son habitation de la rue du Faubourg-Poissonnière.
Il fut inhumé au Père Lachaise où des discours furent prononcés
sur sa tombe par Ballanche, son ami, et par Alexandre de
Laborde, questeur de la Chambre. Le savant traducteur
d'Homère avait voulu, avant de mourir, témoigner à sa ville
natale l'amour qu'il lui avait toujours porté, en lui laissant par
son testament du 26 novembre 1832, sa bibliothèque de philo-
logue, huit mille francs pour son établissement et son entretien
et une somme de dix mille francs, pour fonder une caisse
d'épargne [42].

De son union avec Mlle Rey, Camille Dugas a eu :

3° Adélaïde-Madeleine, née à Saint-Chamond, le 20 juillet 1790,
épousa à Lyon, le 24 octobre 1827, Jean-Joseph-François de
Fructus, capitaine au service de l'Autriche, chevalier de l'Ordre
royal et militaire de Saint-Louis.

De cette union est né :

    A. Jean-Joseph-Marie, né à Lyon le 4 décembre 1828, y
        épousa le 25 avril 1865 Félicité-Marie-Valentine

---

42. Voyez la *Notice sur Dugas-Montbel*, par M. Gustave Lefebvre.

Compagnon de la Servette, fille de Charles-Victor
Compagnon de la Servette, ancien garde du corps, et
de Anne-Louise-Françoise de Drujon, et veuve de
Jean-Marie-Charles Crozet de la Fay. Il a de ce mariage
François-Anne-Marie-Pierre, né à Lyon le 27 mai 1866.

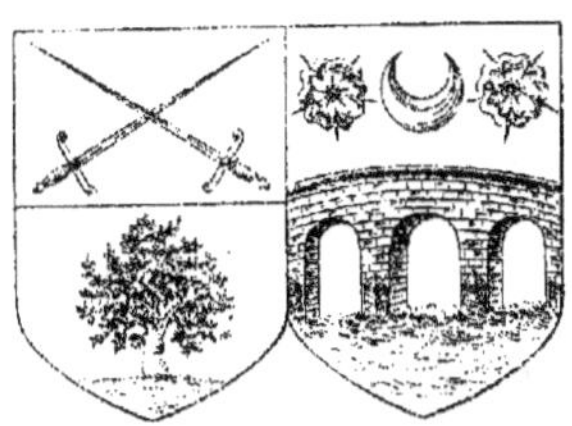

VII. Thomas DUGAS, chevalier de la Légion d'honneur, administra-
teur des Hospices, adjoint au maire de Lyon, épousa, le 9 prairial an XIII,
Marie PONCHON, née à Lyon, le 22 octobre 1782, fille d'Antoine
Ponchon et de dame Jeanne Muguet.

De cette union sont issus :

1° Jean-Baptiste-Camille, dont l'article suit.

2° Osippe, né le 5 février 1811.

3° Antoinette-Ivana, née le 27 juin 1806, mariée à Lyon, le 27
décembre 1824, à Auguste Anginieur, fils de François-Marie
Anginieur et de Marie-Adélaïde Neyrand ; de ce mariage
naquirent :

A. Thomas-Marie-Gabriel, né à Lyon, le 9 septembre 1834,
y épousa, le 23 février 1865, Marie Martin de Laporte,

fille de Michel-Léon Martin de Laporte et de Jeanne-Marie-Antoinette Bert dont il a : 1° Jeanne-Marie-Augustine, mariée le 10 novembre 1891, à Charles-Henri-Marie, comte de Pons, capitaine au 19ᵉ dragons, fils de feu Henri-François-Marie, comte de Pons, et d'Anne-Marie Grosdemanges ; 2° Marie-Joséphine-Marguerite, mariée le 8 janvier 1895, à Henri Pavin de Montélégier, capitaine au 19ᵉ dragons, officier d'ordonnance de M. le Général commandant la 2ᵉ division de cavalerie ; 3° René Anginieur.

B. Jeanne-Françoise Anginieur, née le 14 novembre 1825, mariée le 15 septembre 1845, à Jean-Joseph-Ernest Lacombe, fils d'Antoine Lacombe et de Marie Rivoire, dont : 1° Alfred, marié à Mˡˡᵉ Marguerite Rouveyre ; 2° Mᵐᵉ Journoud ; 3° Léonie ; 4° Mᵐᵉ Montaland.

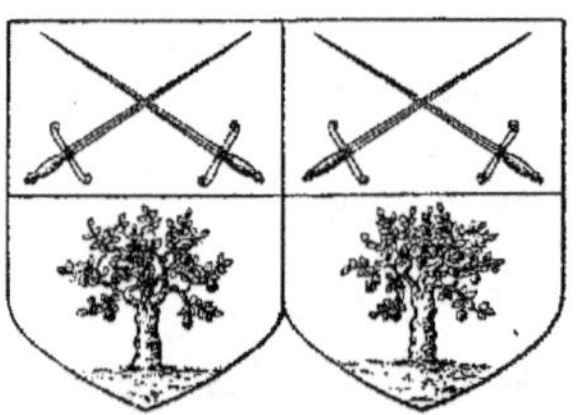

VIII. Jean-Baptiste-Camille DUGAS, né le 26 février 1810, mourut le 12 janvier 1884. Il avait épousé, le 17 juin 1834, Laurence Virginie DUGAS-VIALIS, née le 1ᵉʳ juillet 1814, morte le 25 novembre 1874, fille de Jean-Jacques-Marie Dugas-Vialis et de Benoite-Virginie Flachat.

De cette union sont nés :

1° Ivan-Marie, dont l'article suit.

2° Marie Dugas, née le 19 février 1842, marié le 16 février 1863, à Joseph-François-Laurent-Philomène Ducruet, fils de Jean-Jacques-Guillaume Ducruet, notaire à Lyon, et de Louise Desgeorges, dont sont issus :

A. Jean-Laurent-Marie-Joseph, né le 20 octobre 1864, mort le 2 novembre de la même année.

B. Joseph-Jean-Marie-Marcel, né le 12 octobre 1865, a épousé le 6 avril 1891, Camille-Anne-Marie-Antoinette-Adèle Neyrand, fille de Charles Neyrand, député de la Loire, et d'Olympe Neyron, dont : 1° Antoine-Jean-Marie-Joseph, né le 3 avril 1892 ; 2° Anne-Charlotte-Marie-Madeleine, née le 21 février 1893 ; 3° Osippe-Jean-François-Marie-Charles, né le 12 février, mort le 13 février 1894 ; 4° Louise, née le 6 mai 1895.

C. Jeanne-Joséphine-Marie-Louise, mariée, le 10 avril 1888, à François Lucien Brun, avocat, fils de Lucien Brun, sénateur, et de Julie Virieux, dont : 1° Marie-Thérèse, née le 28 mars 1891 ; 2° Marie-Marthe, née le 16 novembre 1892 ; 3° Marie-Germaine, née le 31 janvier 1894.

D. Marie-Louise-Françoise-Laurence, mariée, le 16 avril 1890, à Élysée Neyrand, fils d'Henri Neyrand et de Sabine Coste, dont : 1° Sabine-Marie, née le 16 mai 1891 ; 2° Louis-Marie, né le 22 octobre 1894.

E. Marguerite-Marie-Antoinette-Jeanne.

F. Jean-Robert-Marie-Joseph.

3° Marie-Antoinette Dugas, née le 10 octobre 1844, mariée, le 22 avril 1865, à Victor-Jacques-Marie-Gabriel de Boissieu, né le 26 mai 1837, fils de Claude-Roch de Boissieu, et de Louise Dugas de la Boissonny.

De ce mariage sont nés :

> A. Jacques-Claude-Marie-Laurent, né le 4 Février 1868.
>
> B. Louise-Marie, né le 17 octobre 1869, religieuse du Sacré-Cœur.
>
> C. Jean-Marie, né le 7 octobre 1871, clerc tonsuré.
>
> D. Marie, née le 10 mai 1873.
>
> E. Joseph-Marie, né le 11 janvier 1875, de la Compagnie de Jésus.
>
> F. François-Xavier-Marie, né le 3 décembre 1877.
>
> G. Amélie-Marie, née le 17 décembre 1879.
>
> H. Marguerite-Marie, née le 30 septembre 1881.

4° Thomas-Marie-Joseph Dugas, né le 13 août 1857, capitaine d'artillerie, marié, le 3 février 1885, à Georgine d'Hauterive, fille de Georges Lecourt d'Hauterive et de Léontine de Leusse.

De ce mariage est issue :

> A. Jeanne, née le 20 janvier 1886.

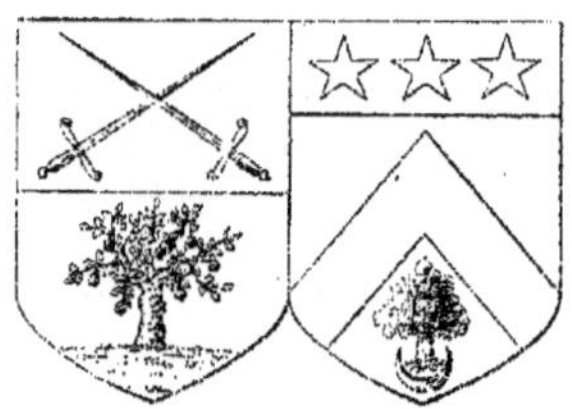

IX. Ivan-Marie DUGAS, né à Saint-Chamond, le 2 juin 1846, y a épousé, le 17 octobre 1872, Louise NEYRAND, fille d'Antoine Neyrand et de Nennecy Terrasse de Tessonet, dont sont issus :

1° Anne-Marie-Jeanne, mariée, le 17 juillet 1894, à Pierre Ravier du Magny, fils d'Émile Ravier du Magny, et de Marie Le Conte.

2° Marie-Antoinette, née le 10 août 1875.

3° Jeanne, née le 23 août 1877.

4° Joseph, né le 25 mai 1879.

5° Jean, né le 29 juin 1883.

6° André, né le 2 Août 1887.

7° Eugénie, née le 3 décembre 1889.

DUGAS DE LA BOISSONNY

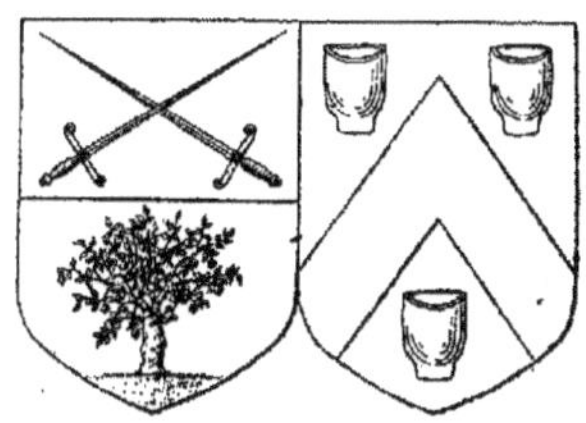

VI. Claude-Marie DUGAS de la BOISSONNY, écuyer, conseiller secrétaire du roi, maison, couronne de France et de ses finances, épousa dans la chapelle du château des Rouardes (Saint-Paul-en-Jarez), le 24 mai 1774, Agathe CROZET, fille de Thomas Crozet et de dame Antoinette Cayrel.

De cette union sont nés :

1° Laurent-Louis-Claude, baptisé le 17 novembre 1781, dont l'article suit.

2° Jacques-Antoine-Victor, baptisé le 6 septembre 1783, dont la descendance sera donnée après celle de son frère.

3° Camille-Joseph, baptisé le 16 juin 1785, dont on donnera aussi la descendance.

4° Catherine, baptisée le 8 mars 1775.

5° Marie-Antoinette-Jeanne Dugas, baptisée le 9 août 1779, épousa à

Brindas, le 30 novembre 1796 (contrat du 28 novembre, reçu de Villiers, notaire à Lyon), Jean Guigou, né le 2 juin 1773, fils de François-Claude Guigou de Montplaisir et de Jeanne-Marie-Claudine Tournilhon [43], dont :

A. Jacques-Philippe-Antoine Guigou, marié à Luce-Madeleine Pourret des Gauds, fille de Barthélemy-Antoine Pourret des Gauds et de Jeanne-Françoise Duport (27 août 1834). Leur fils Camille a épousé, le 11 mai 1866, Marie-Thérèse-Clotilde Ravut.

B. Jacques-Hippolyte.

C. Agathe-Marie-Perpétue ⎰ morts jeunes.

D. Adrien-Claude-Victor. ⎱

E. Marie-Louise-Charlotte, mariée, le 18 juin 1827, à Antoine Rambaud.

F. Jeanne-Blandine, religieuse du Sacré-Cœur.

G. Rose-Agathe-Irénée, mariée le 27 juin 1836 à Antoine-Marie Rambaud.

H. Attale-Antoine-Marie, mort novice de la Compagnie de Jésus à Avignon, le 3 septembre 1838.

6° Laurence Dugas, née le 29 floréal an II, mariée à Oullins, le 23 septembre 1811, à Thomas-Catherin Bouchardier, né à

43. Jeanne-Marie-Claudine Tournilhon était fille de M⁰ Jacques Tournilhon, conseiller du roi, notaire à Lyon, et sœur de noble Claude T., avocat au Parlement de Paris, de noble Jean-Marie-Gabriel T., aussi avocat en Parlement et de Jeanne-Marie-Rose, mariée le 30 janvier 1787, à noble Antoine-Joseph Belet du Poizat, fils de M⁰ François Belet, capitaine châtelain du marquisat de Maubec et de la baronnie des Eparres. Les Tournilhon portaient d'azur à la tour d'argent sommée de deux colombes affrontées du même au chef de gueules chargé d'un lion passant d'or.

Saint-Julien-en-Jarez, le 28 janvier 1778, fils de Jean-Marie
Bouchardier et de dame Jeanne Crozet, dont :

> A. Jean-Marie-Agathe, né à Lyon en septembre 1812, marié
> à Anaïs Berthon du Fromental. Sans postérité.

7° Jeanne-Camille Dugas, née le 30 octobre 1787.

VII. Laurent-Louis-Claude DUGAS de la BOISSONNY, né le
17 octobre 1781, chevalier de la Légion d'honneur, conseiller d'arron-
dissement et membre de la Commission des Hôpitaux de Lyon, y épousa,
le 13 nivôse an XIII, Elisabeth CALAS, née dans cette ville, le 2 février
1788, fille de Louis Calas et de Catherine Bonnardet.

De ce mariage sont issus :

1° Claude-Marie-Prosper-François, dont l'article suit.

2° Agathe, née à Lyon le 6 avril 1812, mariée, le 17 avril 1833, à
Claudius Sandier, né à Lyon, le 24 brumaire an XIII, fils de
Pierre Sandier et de dame Anne-Victoire Sargnon.

3° Jeanne-Louise-Noémi, née à Lyon (la Croix-Rousse), le 24 octobre
1822, y épousa, le 17 juillet 1843, Antoine Dugas-Vialis, né à
Saint-Chamond, le 15 avril 1817, fils de Jean-Jacques-Marie
Dugas-Vialis et de feu dame Benoîte-Virginie Flachat.

4° Catherine-Sophie, née à Lyon, le 26 janvier 1806.

5° Catherine-Louise-Elisabeth, née à la Croix-Rousse, le 26 novembre
1808.

6° Marie-Antoinette-Victorine, née à la Croix-Rousse, le 31 mai 1814.

7° Camille-Laurent, né à la Croix-Rousse, le 9 juillet 1817.

VIII. Claude-Marie-Prosper-François DUGAS de la BOISSONNY, commandeur de l'Ordre pontifical de Saint-Grégoire-le-Grand et chevalier de Saint-Sylvestre, fut banquier à Lyon où il était né (Croix-Rousse), le 14 octobre 1810, et où il mourut le 6 novembre 1875. La loyauté héréditaire apportée à tous les actes de sa vie, son aménité pour tous, son dévouement sans bornes aux œuvres catholiques auxquelles il ouvrait sans compter sa bourse et consacrait toutes ses forces et tout son temps, son attachement à la cause monarchique l'ont rendu, à Lyon pendant plus de vingt ans, le chef vénéré des défenseurs de l'Eglise et de la légitimité. Pie IX l'appelait son ami [44] et le comte de Chambord en écrivant, le 18 janvier 1876, au fils de ce grand chrétien pouvait avec vérité pleurer avec lui la mort d'un aussi loyal serviteur. De son mariage contracté à Lyon, le 3 avril 1839, avec Jeanne-Marie-Françoise VESPRE, née le 12 mai 1820, fille de feu Joseph Vespre et de Elisabeth-Benoîte Gourd, sont issus :

1° Marie-André-Laurent, dont l'article suit :

44. Qu'il soit permis à l'auteur de rappeler ici un souvenir personnel. Lorsqu'en 1868 il alla s'agenouiller aux pieds de Pie IX en quittant Rome où il avait eu l'honneur de servir dans les rangs des zouaves pontificaux, le Saint-Père, sachant qu'il retournait à Lyon : « Vous connaissez M. Dugas, dit-il, et sa figure s'éclairait, dites-lui que son ami le Pape ne l'oublie pas. »

2° R. P. Claude-Marie-Joseph, de la Compagnie de Jésus, aumônier
militaire pendant la guerre franco-allemande, né à Lyon, le
30 septembre 1843, mort, le 23 novembre, 1877 à Ben-Aknoun.

3° Marie-Elisa, née à Lyon, le 14 1840, y épousa, le 17 septembre
1859, Gaspard-Melchior-Elysée Munet, né le 9 août 1834, fils
de Antoine-Elysée Munet et de Justine-Sophie Gautier. Leur
fils Prosper a épousé Mlle Lucie Jourdan.

4° Marie-Agathe, née le 13 août 1847, morte jeune.

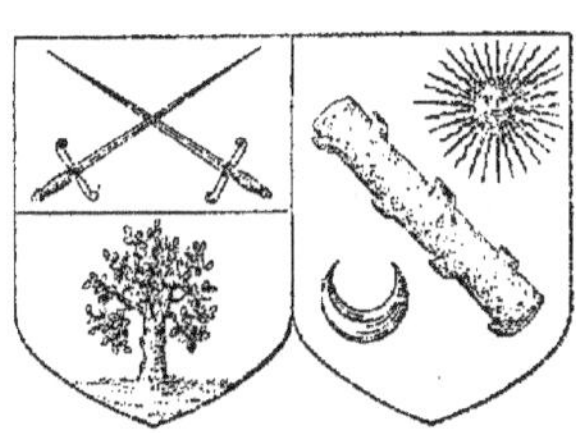

IX. MARIE-ANDRÉ-LAURENT DUGAS DE LA BOISSONNY, chevalier
de Pie IX, ex-volontaire aux zouaves pontificaux, de 1860 à 1864, capitaine au second bataillon des Mobiles de la Loire, 11ᵉ régiment de marche
pendant la guerre de 1870-1871, fut fait prisonnier sur le champ de
bataille de Beaune-la-Rolande et resta trois mois en captivité en Prusse.
De son mariage contracté en 1864, avec MARIE MUNET, fille d'Antoine-
Élysée Munet et de Justine-Sophie Gautier, il a eu les enfants qui suivent :

1° Jeanne-Marie-Élisabeth, mariée, le 15 septembre 1885, à Melchior
Gautier, fils de Louis Gautier et de Louise de Neuvesel, dont :

A. Jean, né le 30 juin 1886.

B. Louis, né le 2 octobre 1887.

C. Marthe, née le 8 septembre 1888.

D. Melchior, né le 6 septembre 1889.

E. Michel, né le 4 mars 1891.

F. Paul, né le 26 avril 1892.

G. Charles, né le 30 août 1893, mort le 24 janvier 1894.

H. Laurent, né le 15 novembre 1894.

2° Germaine-Paule-Marie, a épousé, le 17 juillet 1894, Eugène-Théodore-Ignace de Girard, fils du colonel Édouard-Jean-Baptiste-Antoine-Nicolas de Girard, de Fribourg (Suisse), et de Marie-Françoise-Philomène de Montenac.

3° Isabelle-Marie.

4° Marthe-Marie, morte le 23 novembre 1887.

5° Marguerite-Marie-Carmel.

6° Laurent-Marie-Joseph, mort le 7 février 1877.

7° Anne-Marie.

8° Monique-Marie-Joseph.

9° Jean-Marie-Joseph.

10° Élisabeth-Marie.

11° Paule-Marie.

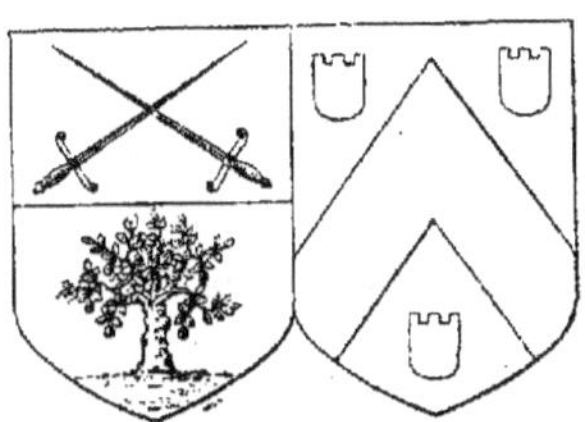

VII *bis*. Jacques-Antoine-Victor DUGAS de la BOISSONNY,
chevalier de la Légion d'honneur, président du Conseil général de la
Loire, était propriétaire des terres de Boisset et de Montrond dont le
château aux ruines imposantes est religieusement conservé par ses petits-
fils. Il mourut, le 2 juin 1861, après avoir consacré les vingt dernières
années de sa vie à l'administration de l'hospice de sa ville natale. Marié,
le 15 février 1813, à Saint-Chamond, à Marie-Françoise THIOLLIÈRE,
née le 30 prairial an III, fille de Jean-Claude Thiollière et de Louise-
Catherine Regnault, il laissa de cette union :

> 1° Louise-Marie, née en 1813, morte le 7 octobre 1884, avait
> épousé, le 27 mai 1834, Claude-Roch de Boissieu, né le
> 19 février 1809, mort le 13 février 1880, commandeur de
> l'Ordre de Charles III d'Espagne, chevalier de Saint-Grégoire
> le Grand, fils de Jean-Louis-Marie de Boissieu et de Marie-
> Louise Berthauld de Talhuyers.

De cette union sont nés :

A. Louis-Marie-Jean, né en juin 1835, marié en mars 1863,

à Blanche de Fontenay, fille de M. de Fontenay et de Mme née Salomon de la Chapelle.

B. Jacques-Victor-Marie-Gabriel, né le 26 mai 1837, marié, le 22 avril 1865, à Marie-Antoinette Dugas (voir branche Dugas-Montbel).

C. Antoine-François-Marie-Henri, né le 11 novembre 1742, chevalier de Pie XI et de Saint-Sylvestre, décoré de la médaille d'or : *Bene Merenti* et de celle de Mentana, ex-volontaire aux Zouaves pontificaux, a épousé, le 11 novembre 1868, Jeanne-Marie Dean de Luigné, fille de Siméon Dean de Luigné, et de Louise-Camille-Félicie Le Chapellier de la Varenne. De cette union sont nés : 1° Marie-Élisabeth, 2° René, 3° Jeanne, 4° Marie-Thérèse, 5° Gabrielle, 6° Marie-Antoinette, 7° Michel, 8° Henri, 9° Félicie.

D. Ennemond-Marie-Laurent-Maurice, né le 19 mai 1844, marié, le 11 juin 1872, à Marie-Edith-Gasparine-Hélène Thiollière de l'Isle, fille de M. Thiollière de l'Isle et de Mme née Mac'Ker, dont : 1° Marguerite, 2° Thérèse, 3° Madeleine.

E. Jeanne-Françoise-Marie-Emma, née le 2 novembre 1839.

F. Laure-Françoise-Marie, née le 3 novembre 1840, morte le 9 juillet 1890, avait épousé, le 4 mai 1859, Paul-Honoré Passerat de la Chapelle, mort le 13 mars 1886, fils d'Adolphe Passerat de la Chapelle et de Louise de Montherot, dont : 1° Joseph, marié, en juillet 1893, à Hélène Munet, fille d'Abel Munet et de Blanche-Marie Sommier; 2° Gabrielle, 3° Marie, 4° Jeanne, 5° Françoise.

G. Marie-Antoinette, morte le 5 août 1872, avait épousé, le 24 avril 1865, Joseph-Ernest Passerat de la Chapelle, fils d'Adolphe Passerat de la Chapelle et de Louise de Montherot, dont : 1° Jean, marié, en juillet 1893, à Marie d'Ivry; 2° Henri, 3° Emma, mariée, le 19 novembre 1893, à André de Parseval; 4° Louise, sœur jumelle d'Emma; 5° Marguerite, 6° Thérèse.

VII *ter*. Camille-Joseph DUGAS, fils de Claude-Marie Dugas de la Boissonny et de dame Agathe Crozet, né à Saint-Chamond, le 16 juin 1785, eut pour parrain Camille Dugas, écuyer, son oncle, et pour marraine dame Françoise-Joséphine Dugas, sa tante, épouse de Jacques Rodier. Il était propriétaire des verreries de Givors et fut maire de la dite ville où il épousa, le 1er octobre 1816, Pauline Malgontier, fille de Claude Malgontier et de Clotilde Robichon [45]. Camille Dugas mourut le 25 septembre 1871 et sa femme, le 13 mars 1883.

De cette union sont nés :

1° Augustin-Laurent-Henri dont l'article suit.

2° Victor-Marie, dont la descendance sera donnée après celle de son frère.

45. Clotilde Robichon était fille du sieur Michel Robichon, co-propriétaire de la verrerie de Givors, et de dame Marie Esnard qu'il avait épousée, le 8 janvier 1775. Elle était fille de sieur Joseph Esnard, propriétaire de la verrerie royale de Pierre-Bénite, et de dame Marie de Saint-Pierre. Joseph Esnard eut une autre fille, Françoise, mariée le 1er février 1774 à noble Antoine Mathon, seigneur de Sauvain.

VIII. Augustin-Laurent-Henri DUGAS, né à Givors le 27 avril 1823,
élu député en 1852 par la circonscription de cette ville, épousa le 30 avril
1853, Marie-Henriette-Edith JORDAN de SURY, fille de Jacques-
Henri Jordan de Sury et de Anne-Marie Jovin des Hayes, dont :

1° Camille-Victor-Marie, né le 28 mars 1854, marié le 10 janvier
1887 à Marie de Champigny, veuve d'Emile Boigne.

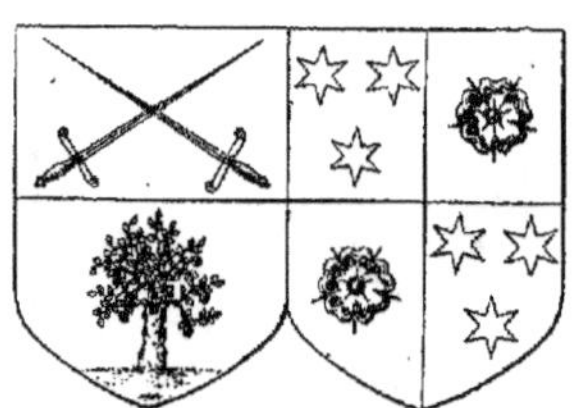

VIII *bis*. VICTOR-MARIE DUGAS, né à Givors le 27 mars 1832, conseiller général de l'Ain depuis 1883, a épousé le 14 avril 1857 à Davézieux (Ardèche), FRANÇOISE-ALEXANDRINE-MARIE-ALICE BAROU DE LA LOMBARDIÈRE DE CANSON, fille de Louis de la Lombardière de Canson et de Gabrielle de Lamajorie de Soursac.

De cette union sont nés :

1° Clotilde-Louis-Marie-Paul, né à la Vache (Drôme), le 20 août 1859, a épousé le 1er décembre 1887, à Lyon, Marie-Henriette-Elisabeth Descours, fille de André Descours et de Marie Bolot, dont :

    A. Louis-Marie-Jean, né le 24 septembre 1888.

2° Camille-Gabrielle-Marie-Jeanne, née à Lyon le 14 avril 1858, a épousé le 28 juin 1881 Charles-Emmanuel-Marie-René, vicomte Le Bault de la Morinière, fils du comte Emmanuel Le Bault de la Morinière et de Camille de la Forest d'Armaillé, dont :

    A. Camille-Louis-Paul-Marie-Jean, né le 13 février 1884.

B. Alice-Emmanuelle-Charlotte-Marie-Renée, née le 31 juillet 1885.

3° Pauline-Marie-Renée, née à Lyon le 29 décembre 1863, a épousé le 9 juin 1886 Henri-Firmin-Marie-Pierre de Lestapis, chef d'escadron au 20ᵉ chasseurs à cheval, fils d'Henri de Lestapis et d'Anna de Lestapis, dont :

A. Adrien-François-Henri-Victor-Marie, né à Châteaudun, le 17 juillet 1895.

ARMORIAL

BERTHOLET. — *D'argent à la bande d'azur chargée d'une croix pattée et d'un croissant d'or.*

Ancienne famille bourgeoise de Saint-Chamond qui a donné un curé de Saint-Pierre de ladite ville, grand vicaire de l'archevêque de Vienne en 1774. Jean-Baptiste Bertholet, bourgeois de Lyon scellait des mêmes armes son testament clos le 7 avril 1749 dans lequel il nomme Marie-Madeleine de Russy, sa femme, André, Guillaume et Jean-Catherin ses trois fils, Marie-Madeleine et Marie, ses deux filles (Beraud, notaire à Lyon), Marie-Madeleine épousa le 4 juillet 1749, noble Gabriel Buyet, écuyer, fils de feu Jean-Baptiste Buyet, écuyer, ancien maire de la ville de Saint-Chamond, contrôleur ordinaire des guerres, et de dame Catherine Renaud.

BOUCHER DE BOUCHERVILLE, en Normandie et au Canada. — *D'azur au chevron sommé d'une fleur de lys et accompagné en chef de deux glands de chêne et en pointe d'une montagne à trois copeaux terminée par une croix, le tout d'or.*

Le fief de Boucherville au Canada situé près de Québec fut érigé en seigneurie par Louis XIV en faveur de Pierre Boucher.

DE CANSON. — *Ecartelé au 1er et 4e d'azur à trois molettes d'or, au 2e et 3e d'argent à une rose de gueules.*

Les Barou de la Lombardière, seigneurs de Canson par l'alliance de Barthélemy de Barou, seigneur de la Lombardière, avec Dorothée de Saignard, fille de Joseph-César et d'Elisabeth de Vogué (15 novembre 1747), sont originaires d'Annonay en Vivarais. Une branche établie à Lyon possédait la terre du Soleil en Bresse et finit par Pierre-Antoine Barou du Soleil, mort victime de la Terreur en 1793. Il était avocat général en la Cour des monnaies et jouissait à Lyon d'une grande considération due à ses mérites personnels et à sa haute position, marié le 5 mars 1770 à Jeanne-Marie de Chatillon, fille de Paul Durand, écuyer, seigneur de Chatillon-d'Azergues, Bayères, la Fléchère et autres lieux, il ne laissa pas de postérité. Les grands biens des Durand de Chatillon passèrent dans la maison de Chaponay.

CROZET. — *D'azur au chevron d'argent accompagné de trois creusets du même.*

Famille du Forez, propriétaire au siècle dernier de la fenderie de fer des Rouardes.

DUBOYS. — *D'argent à trois arbres de sinople.* (Armorial général.)

Famille ancienne du notariat à Virieu, Chavanay et Saint-Julien-Molin-Molette, dont était Me Jean Duboys, capitaine châtelain de cette dernière localité, en 1670.

FLACHAT. — *D'azur au lion d'or tenant une flèche de gueules.*

Ce sont les armes de la famille consulaire de Lyon, qu'adopta à la fin du siècle dernier, celle qui fait l'objet de cet article.

DE FRAIX DE FIGON. — *D'argent au sautoir de gueules au chef d'azur chargé de trois étoiles mal ordonnées d'or.*

Famille du Velay établie à Saint-Chamond par alliance avec les Neyrand.

GABRIEL. — *De... au dauphin accompagné en chef de trois étoiles mal ordonnées.*

Famille bourgeoise de Saint-Chamond. Les armes que nous donnons sont celles d'un membre de cette famille, Jacques Gabriel, apposées à un testament du 21 mars 1671.

JACQUET DU CHAILLOU. — *D'azur au lion d'argent assis sur une terrasse de sinople tenant une épée aussi d'argent.*

Ce sont les armoiries portées en dernier lieu par la famille. L'*Armorial général* de 1696, n°s 146 et 164 (Mâcon) lui donne : *D'argent à deux cœurs enflammés de gueules posés en fasce et une main dextre du même mouvant du flanc sénestre de la pointe et tenant un rameau de sinople* (Adrien Arcelin, *Armorial du Mâconnais*). Les Jacquet sont originaires de la ville de Marcigny en Charollais près de laquelle se trouve le fief du Chaillou, passé par héritage entre les mains des de la Porte. Christophe Jacquet de Chalonnay était à la bataille de Fontenoy, et la Bienheureuse Marie Alacoque avait pour compagne dans son couvent de Paray, une demoiselle du Chaillou.

JORDAN DE SURY. — *De sinople à la fasce dentelée d'or accompagnée en chef de deux étoiles du même et en pointe d'un jars d'argent.*

Famille consulaire de Lyon originaire du Dauphiné.

DE LAYVILLÈRE (DE HUMBERT). — *D'or au chevron d'azur accompagné de trois pattes d'ours de sable.*

Famille établie au commencement de ce siècle à Villevocance en Vivarais.

DE MONTFORT. — *D'or à la bande d'azur chargée de trois demi-vols d'argent à la bordure de pourpre.*

La famille Légier de Montfort-Malijay possède la terre de Malijay dans le Comtat-Venaissin.

MUNET. — *D'azur à l'arbre écoté d'or mis en bande accompagné en chef d'un soleil d'or et en pointe d'un croissant d'argent.*

Famille originaire de l'Ain établie au siècle dernier à Lyon (communiqué par M. A. d'Avaize). Noble Claude Munet, docteur en médecine, agrégé au collège de Lyon, fils de Melchior Munet, architecte et bourgeois de la dite ville, et de dame Jeanne Magnin, épousa le 2 août 1767, demoiselle Jeanne-Marie-Antoinette Myèvre, fille de Marc Myèvre, bourgeois de Lyon, et de dame Claudine Archier.

NEYRAND. — *De gueules au chevron d'argent accompagné en pointe d'un buis arraché d'or soutenu d'un croissant d'argent, au chef cousu d'azur chargé de trois étoiles d'or.* (*Armorial général*, généralité de Lyon.)

Armoiries de la famille Buyet adoptées par Eustache Neyrand, écuyer, conseiller secrétaire du roi en la chancellerie près le parlement de Navarre, après son alliance, le 17 mai 1773, avec Marie-Madeleine Buyet, fille de noble Gabriel Buyet et de Marie-Madeleine Bertholet.

PERIER du PALAIS. — *D'azur au poirier d'argent terrassé de sable au chef de gueules chargé de trois annelets d'argent.*

Famille du Dauphiné, attirée par alliance à Lyon et en Forez, où elle acquit la terre du Palais. Noble Joseph Périer, chevalier, conseiller du roi, trésorier de France, général des Finances en la généralité du Dauphiné, fils de feu Me Joseph Périer, avocat en parlement et juge de Beaurepaire en Viennois, et de dame Élisabeth Robert, vint épouser à Lyon, le 21 janvier 1755 (contrat reçu Durand), demoiselle Jeanne Vaguet, fille de Mathieu Vaguet, recteur de l'Hôpital général de la Charité et Aumône générale de la dite ville, et de feu dame Madeleine Gerin-Rose. Leur fils, Joseph-Gabriel Périer du Palais, eut de Marie-Antoinette-Mélanie de Poncins : André-Hector et trois filles Mmes le Conte, des Perrichons et Dugas de la Catonnière.

PHILIBERT. — *D'azur au chevron d'or, au chef d'argent chargé de trois feuilles de sinople.*

Famille originaire de Saint-Chamond, parvenue à Lyon à une haute situation. Elle posséda les châteaux de Chamousset et de la Fay, qu'habitent encore aujourd'hui ses descendants : MM. de Saint-Victor et de Jerphanion.

PITIOT.— *D'argent au peuplier terrassé de sinople.* (*Armorial général,* généralité de Lyon.)

Ancienne famille bourgeoise de Saint-Chamond qui y occupa des charges de judicature et de finances.

PONCHON. — *De gueules au pont à trois arches d'argent sur une rivière du même accompagné en chef d'un croissant entre deux roses d'argent.* (Cachets et argenterie de famille.)

Famille originaire de Saint-Genest-Malifaux, établie à Lyon au xviiie siècle. Antoine Ponchon, bourgeois de la dite ville, épousa, le 14 juillet 1777 Jeanne Muguet, demoiselle, fille de noble François Muguet, échevin, et de dame Marguerite-Simonne Gerin-Rose.

RAVACHOL. — *D'argent à une fasce d'azur chargée de trois roses d'or.* (*Armorial général,* généralité de Lyon, p. 89.)

Ces armes sont aussi peintes et sculptées à Saint-Chamond où les Ravachol, d'ancienne bourgeoisie, ont joué un certain rôle à la fin du xvie siècle et au commencement du xviie auprès des seigneurs de ladite ville. Un membre de cette famille avait la confiance de Christophe de Saint-Chamond, un autre fut secrétaire de Melchior de Chevrière. Quoique issu de la même souche, Jean-Marie Ravachol, échevin de Lyon, prit des armes différentes et ne montra pas dans son choix un goût des plus purs, se contentant d'un jeu de mots enfantin ; il portait : *coupé de gueules à un chou d'or et d'azur à une rave d'argent.*

RIGAUD. — *De... à une main issant d'une nuée au flanc sénestre et tenant un rameau, accompagné d'un soleil au franc canton dextre de l'écu.*

Cachet du commencement du xviiie siècle. Famille originaire du

Dauphiné établie à Virieu-en-Forez, alliée aux familles de Marcou du Bay et de Pierrefort à Montbrison.

DE RIVÉRIEULX DE CHAMBOST. — *D'azur à une rivière d'argent surmontée d'un croissant du même.*

Famille consulaire de Lyon, originaire de Jaligny en Bourbonnais. Elle a possédé le comté de Varax en Bresse dont la branche aînée porte aujourd'hui le nom.

REGNAULT. — *D'or à une fasce componnée de gueules et d'argent accompagnée en chef d'un oiseau de paradis d'azur et en pointe d'un losange de gueules.* (Cachet et argenterie de famille.)

Ces armes furent aussi enregistrées dans l'*Armorial général*, généralité de Lyon, p. 349, au nom de François Regnaud, marchand bourgeois de Lyon. Cette famille originaire de ladite ville, vint s'établir à Saint-Chamond, au commencement du xviii° siècle. Camille Regnault, fils de Michel et de dame Anne Pélissier, épousa premièrement demoiselle Laurence Crozet et en secondes noces, le 31 janvier 1779, demoiselle Pierrette Carmagnac. Son fils du premier lit, Jean-Louis, se maria le 21 février 1785, à Marie-Madeleine-Grégoire du Colombier d'une famille dauphinoise dans laquelle Napoléon I°ʳ faillit, dit-on, prendre sa femme.

ROYER DE LA BASTIE. — *D'azur au chevron d'or accompagné de trois roitelets de même.*

Cette famille originaire de Saint-Chamond, anoblie au xviii° siècle, prit le nom de la Bastie après son alliance avec les Mazenod dont elle porte actuellement les armes.

STARON DE LA REY. — *De gueules à l'aigle d'or au chef bandé d'azur et d'or.*

Famille du Forez qui obtint des lettres de noblesse en 1697.

THIOLLIÈRE. — *D'argent au chevron de gueules accompagné de trois quintaines du même.*

Vieille famille de la bourgeoisie stéphanoise. Elle a possédé au siècle passé plusieurs fiefs en Forez et des branches se sont établies à Saint-Chamond et à Saint-Galmier.

DE VACHERON. — *D'azur au lion passant d'or au chef du même chargé de trois flammes de gueules.*

Famille consulaire de Lyon, Jean de Vacheron fut échevin de ladite ville en 1665.

VESPRE. — *D'azur à une étoile d'or et un croissant d'argent posé en bande.*

Ancienne famille bourgeoise de Lyon.

VIALIS. — *D'argent à trois trèfles de sinople au chef d'azur.*

Cette famille remonte sa filiation à honorable homme M° Etienne Vialis, notaire à Vienne en Dauphiné en 1480, mort avant 1509, dont le petit-fils Michel vint s'établir à Saint-Chamond en épousant, le 3 octobre 1566, Benoîte, fille de Jean Bertholet. La branche restée à Saint-Chamond s'éteignit dans les Dugas et dans les de Boissieu par le mariage de Marie-Antoinette, sœur de Mme Dugas, mariée le 15 décembre 1729 à noble Jacques-Louis de Boissieu. La branche établie à Lyon anoblie par l'échevinage (1695-96) finit aussi dans les familles de Bienassis, de Montolivet, de Barailhon, Philibert de Chamousset et Chappuis de Vaudragon.

VINCENT. — *D'azur au chevron d'or surmonté d'un soleil et accompagné de deux raisins du même et en pointe d'une tour couronnée d'argent.*

Famille de Saint-Etienne-en-Forez anoblie par une charge de secrétaire du roi, a formé les branches de Soleymieux, Vaugelas et Saint-Bonnet.

PIÈCES JUSTIFICATIVES

I

12 juin 1347. — Contrat d'achat pour Etienne du Coignet.

NOS CHABERTUS HUGONIS, legum doctor, obedientiarius Sancti
Justi, officialis Lugdunensis, notum facimus universis presentes litteras
inspecturis : quod coram mandato nostro videlicet Jaquemeto Stephani,
clerico curie nostre jurato ad hoc a nobis deputato et testibus infrascriptis,
videlicet Romaneto Chasey et Johaneto, filio Guillemeti de La Gheysi, ad
hoc vocatis et rogatis, constitutus Johanetus Quitons et Johanes, ejus filius,
de La Gheysi de parrochia Sancti Romani in Jareysio, scientes, prudentes
et spontanei, non vi, non dolo, non metu ad hoc inducti nec ab aliquo, ut
asserunt, circumventi sed considerato diligenter in hoc utilitate sua et
comodo, ut asserunt, evidenti et suis debitis persolvendis vendunt pro se et
suis, videlicet, dictus Johanetus de auctoritate sua et dictus Johanes de
mandato et auctoritate dicti patris sui ex causa seu titulo pure et perfecte
venditionis tradunt vel quasi cedunt et concedunt Stephano, filio Andree
del Coignet, de parrochia Sancti Christophori, et suis heredibus imperpe-

tuum precio quinquagenta quinque solid. Vien. bonorum, quod precium confitentur dicti venditores se habuisse et recepisse a dicto emptore in bona pecunia numerata et de quo precio dictum emptorem et suos quitant imperpetuum penitus et absolvunt, quandam vineam sitam in clauso Decues, juxta pratum et vineam dictorum venditorum, ex una parte, et juxta pratum et vineam dicti emptoris, ex altera, cum ipsius vinee fondis ingressibus, egressibus, juribus, pertinentiis et appendentiis, sub annuo censu seu servicio duorum denar. Vien. censuales (*sic*) reddendo et solvendo annuatim, domino Francisco de Sancto Prejecto, militi, et suis imperpetuum et si forte dicta vinea vendita cum suis pertinenciis venditis plus valeat aut valitura sit ultra precium memoratum totum illud ; plus dant, seu donant dicti venditores dicto emptori et suis, donatione pura, simplici et irevocabili facta inter vivos. Promitentes dicti venditores per juramento suo coram dicto jurato nostro super sancta Dei Euvangelia, corporaliter prestito et sub obligatione omnium bonorum suorum mobilium et immobilium presentium et futurorum quorumcumque, predictam vineam venditam cum suis pertinentiis venditis dicto emptori et suis, tenere perpetuo in pace firmiter et servare et se contra predicta vel aliquid de predictis per se vel per alium, facto vel verbo, clam vel palam, modo aliquo de cetero non venire nec alicui contraire volenti in aliquo consentire. Imo, siquis dictum emptorem vel suos causam ab eis super predictis venditis in toto vel in parte in causam haberet, impeteret vel aliquatenus molestaret, in judicio vel extra promitunt dicti venditores sub dictis juramentis et obligationibus predictis, pro eis se opponere contra quemlibet in petentem et ad justiciam et consuetudinem respondere et omne litigium cum expensis suis propriis in se suscipere penitus et transfere, et facere, et prestare quidquid in causa evictionis debet et consuerit fieri et prestari. Renunciantes dicti venditores per juramenta sua in hoc facto, ex certa scientia exceptioni dicte venditionis ut dictum est bene et legitime non facte, dicte qui pecunie ex eadem causa non habite et non recepte dicte venditionis ut dictum est bene et legitime non facte, dicte que, non facte et omnium predictorum non ita actorum, doli, moli, metus et in factum conditioni sine causa vel ex injusta causa et conditioni ab causam rei minori precio vel minus dimidio justi precii vendite subsidio. Juridicenti confessionem extra judicium seu coram non suo judice factam non valere omni actioni, deceptioni, lesioni et gravamini, petitioni et oblationi, libelli litis contestationi copie presentium literarum et omni juri canonico et civili. Jurique dicenti generalem renunciationem non valere, nisi precesserit specialis.

In cujus rei testimonium ad preces dictorum venditorum nobis pro eis oblator per dictum mandatum nostrum cui super hiis fidem plenariam, adhibemus sigillum nostrum presentibus litteris duximus apponendum. Datum duodecima die mensis Junii, anno Domini millesimo trecentissimo quadragesimo septimo, et ego predictus juratus presentem litteram expedivi sub hoc signo meo.

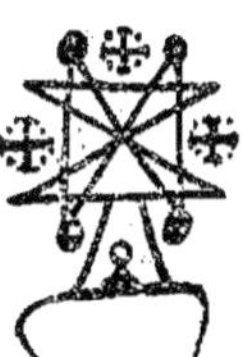

II

Charles Dugas de Valdurèse avait publié à Lyon quatre petits volumes de droit dont voici les titres :

I. *Sommaire des principales règles et maximes du Droit Civil et Canon...*, Lyon, Offray, 1673, in-12.

II. *Dictionaire* (sic) *étymologique des Droits royaux et seigneuriaux...*, *partie I, des Fiefs et Devoirs honoraires des vassaux*, tome Ier, Lyon, Marcelin Gautherin, 1693, in-12.

III. *L'Usage de la Pratique civile sur les saisies réelles, criées, inquants, subhastations et ventes par décret*, Lyon, Jean-Ant. Delajat, 1696, in-12.

IV. *Conclusions des questions de droit...*, Lyon, Jean-Ant. Delajat, 1696, in-12 (bibliothèques du château de la Rey, de M. Testenoire-Lafayette et de l'auteur).

Outre ces volumes, Charles Dugas avait laissé un grand nombre de manuscrits, tels que la suite du *Dictionnaire étymologique des fiefs et des devoirs honoraires des vassaux*, le *Dictionnaire des Censives et directs*, les *Codes criminel, civil et marchand avec leurs commentaires.* Chaudon et Delandine disent que l'un de ses petits-fils possédait ces ouvrages, détruits dans l'incendie du quartier de l'arsenal de Lyon pendant le siège de cette ville. (*Nouveau dictionnaire historique*, tome IV, page 386.)

III

Lettres patentes accordant le titre de baron à Jean-Baptiste-Charles Dugas, ancien mousquetaire.

LOUIS par la grâce de Dieu Roi de France et de Navarre à tous présens et à venir salut :

Voulant donner un témoignage de notre bienveillance à notre ami le s^r JEAN-BAPTISTE-CHARLES DUGAS, ancien mousquetaire, membre du Collège électoral du département de la Loire et récompenser son dévouement à notre personne, nous l'avons par notre Ordonnance du vingt juin dernier décoré du titre de Baron. En conséquence et en vertu de cette décision, le s^r Dugas désirant profiter de la faveur que nous lui avons accordée, s'est retiré par devant notre amé et féal chevalier Chancelier de France, le s^r Dambray, commandeur de nos ordres, à l'effet d'obtenir nos Lettres Patentes nécessaires pour jouir de son titre.

A CES CAUSES, nous avons de notre grâce spéciale, pleine puissance et autorité royale conféré, et par ces présentes signées de notre main conférons au dit s^r Jean-Baptiste-Charles Dugas né à Lyon, le quatre avril mille sept cent vingt-six, le titre de Baron, lequel sera transmissible à sa descendance directe, légitime, de mâle en mâle par ordre de primo-géniture. Voulant que le dit s^r Dugas puisse porter en tous lieux le titre de Baron et le prendre en tous actes et contrats, tant en jugement que dehors, et qu'il jouisse des rang et honneurs y attachés. Permettons audit s^r Dugas et à ses enfans, postérité et descendans mâles et femelles nés et à naître et en légitime mariage, de porter en tous lieux les Armoiries timbrées, telles qu'elles sont figurées et coloriées aux présentes, et qui sont : *De gueules à deux cimeterres d'argent posés en sautoir, coupé d'azur à un chêne d'or terrassé du même*, l'écu timbré d'une couronne de Baron. Mandons à nos amés et féaux conseillers en notre Cour Royale de Lyon, dans le ressort de laquelle le dit s^r Dugas est domicilié, de publier et enregistrer les présentes, après avoir reçu de l'impétrant le serment de fidélité à notre personne et d'obéissance aux lois du Royaume, lequel serment sera consigné à la suite de l'enregistrement des Lettres Patentes et d'en envoyer copie à notre commissaire du Sceau. Car tel est notre bon plaisir. Et afin que ce soit chose ferme et stable à toujours, notre amé et féal chevalier, Chancelier de France, le sieur Dambray y a fait apposé par nos ordres notre grand Sceau en présence de notre Commission du Sceau.

Donné à Paris, le troisième jour d'août de l'an de grâce mille huit cent seize et de notre règne le vingt deuxième (1).

LOUIS.

Par le Roi,
Le Chancelier de France,

DAMBRAY.

Vu au Sceau,
Le Chancelier de France,

DAMBRAY.

Scellé du grand Sceau de cire verte avec lacs de soie verte et rouge.

---

(1) *Arch. du château de la Rey. Communiqué par le baron René Dugas de la Catonnière. L'auteur le remercie ainsi que MM. Testenoire-Lafayette, A. d'Aveize, F. Frécod, Marcel Ducruet et M. Flachaire de Roustan, pour les précieux renseignements qu'ils ont bien voulu lui communiquer.*

ACHEVÉ D'IMPRIMER

LE XXV JUILLET MDCCCXCV

PAR MOUGIN-RUSAND, IMPRIMEUR

L. VUILLERMOZ, PROTE

F. BENOIT, DESS.

A
RVSANT RVSE
ANNO·DNI
MDCCLXXXIX